ソーシャルワーカーの

混沌の中にそれでも希望の種を蒔く

ミライ

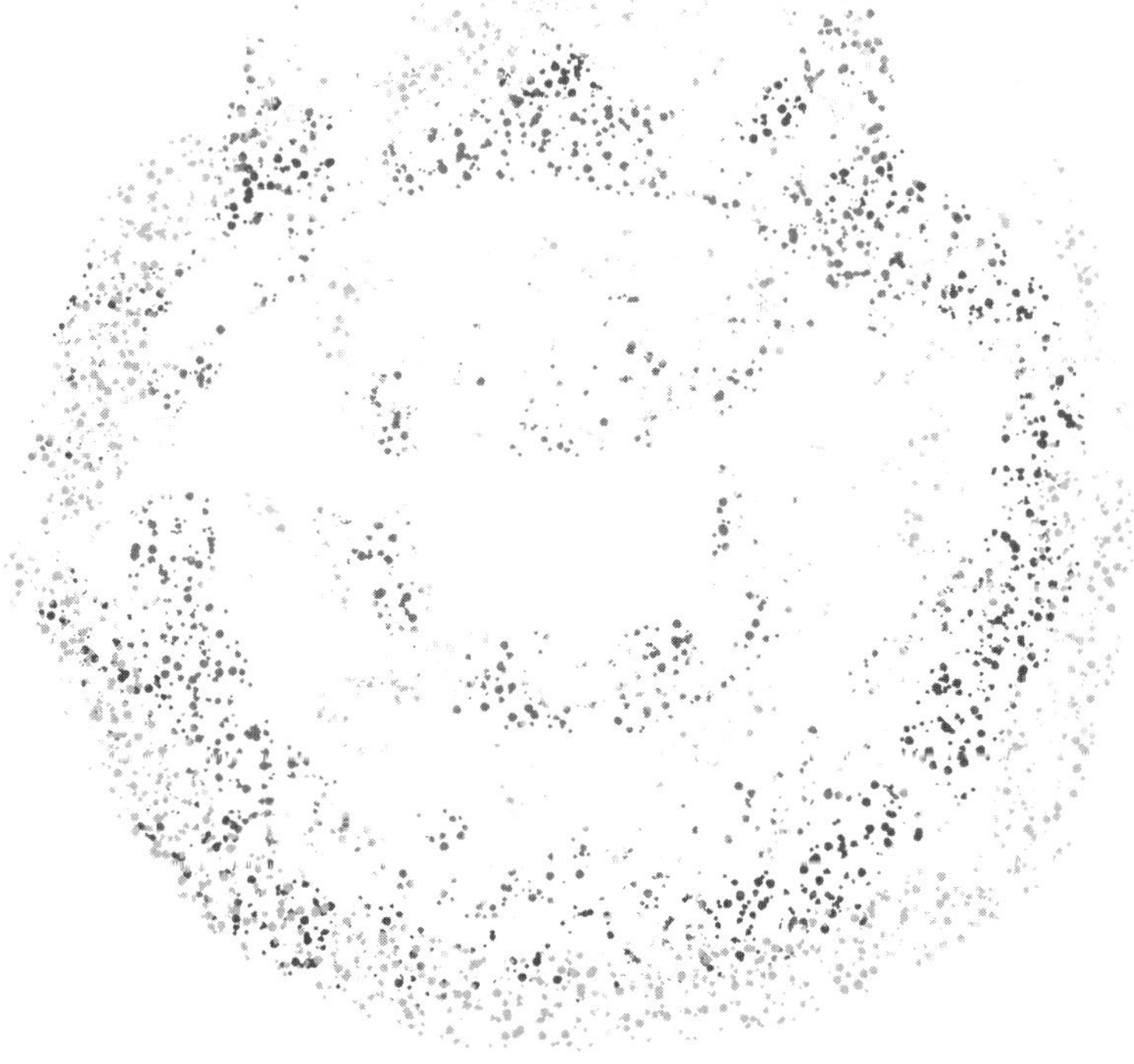

著者

荒井浩道・長沼葉月・後藤広史・木村淳也・本多勇・木下大生

はじめに

本書は、六名の執筆者がソーシャルワーカーの「ミライ」を展望するものです。ソーシャルワーカーを取り巻く困難な状況を踏まえながらも、それぞれの立場から少しでも希望ある未来を描くことが目指されています。

そして本書は、「ソーシャルワーカーの○○」というシリーズの最後を締めくくるという役割も担っています。本書のタイトルを検討するなかで、〝○○〟に入れるいくつかの候補となる言葉がありました。そのなかには、昨今の業界を取り巻く厳しい状況を憂いた刺激的な言葉（たとえば「ゼツボウ」）も含まれていました。しかし、六名の執筆者が原稿のアイデアを出していくなかで、最終的には「ミライ」というポジティブな言葉が採用されることになりました。そこには、現役のソーシャルワーカーとして働かれている方、ソーシャルワーカーとなることを目指して勉学に励まれている方へのささやかなエールとなるようなものにしたい、という六人の想いが込められています。

振り返ってみますと、「ソーシャルワーカーの○○」というシリーズは、「ソーシャルワーカーのジレンマ』（筒井書房、二〇〇九年）に始まります。わたし（荒井）は、この本の執筆には加わっていないのですが、一人の読者として強い衝撃を受けました。そこには、ジレンマに戸惑い苦悩するソーシャルワーカーの姿がありました。当時のソーシャルワーク関連の出版物は、「ソーシャルワーカーは素晴らしい専門職です」ということが強調されているものばかりでした。そのようなかかで、等身大のリアルなソーシャルワーカーの姿が描かれたこの本は、良い意味で「異質」でした。「こんなことを書いて大丈夫なのか？」「怒られたりしないのか？」と心配になりながらも、ソーシャルワーカーという職業の奥行きの深さを感じさせてくれるものでした。

その後、『ソーシャルワーカーのジリツ』（生活書院、二〇一五年）、『ソーシャルワーカーのソダチ』（生活書院、二〇一七年）という二冊が出版されます。この二冊の出版社は、筒井書房から生活書院へと変わりました。そしてメンバーも三名が入れ替わり、本書と同じ六名で執筆されました。

『ソーシャルワーカーのジリツ』では、クライエントに対して「ジリツ」を支援していることになっているソーシャルワーカー自身がそもそも「ジリツ」できているのか、ソーシャルワーカーにとって「ジリツ」は何をさすのかということが論じられています。『ソーシャルワーカーのソダチ』では、既存のソーシャルワーク教育への疑問から、ソーシャルワーカーの育てるために重要なことは何かということが論じられています。どちらの著書にも共通して言えるのは、執筆者の経験を踏まえて、明けっ広げで赤裸々な議論が展開されているということです。そこでは、執筆しながらも「これは言い過ぎかもしれない」と不安になることもありましたが、「このシリーズだからこそ言えることを言おう」と覚悟を決め、可能な限りホンネで執筆してきました。

ところで、前前書『ソーシャルワーカーのジリツ』が出版されたのが二〇一五年、前書『ソーシャルワーカーのソダチ』が出版されたのが二〇一七年であり、この二冊は比較的短期間のうちに企画、執筆、出版を行っています。しかし、本書『ソーシャルワーカーのミライ』の出版は、二〇二四年であり、七年とだいぶ間隔が空きます。当初は、本書の出版をもっと早く行おうという話もありました。ですが、本書を出版するには、この七年間という時間が必要だったのです。それは、執筆者六名の「年齢」と関係します。

『ソーシャルワーカーのジリツ』を執筆していた頃、六名の執筆者は、まだ「若手」でした。そこではクリティカルな議論を展開できるエネルギーに満ちていました。ところが、『ソーシャルワーカーのソダチ』を書き終えた頃から、わたしたちは、「若手」ではないことに気づき始めました。

すると不思議なもので、同じ一人の人間でもその性質は変化します。昔話が好きになり、「ジリツやソダチを書いていた頃は、若かったね」などと当時を懐かしむことも増えました。いつしか、「それは仕方がない」が口癖になり、ソーシャルワーカーが置かれている現状をただ追認することが仕事になっていきました。次世代にエールを送る必要性に気付きながらも、日々の業務に忙殺され、具体的な行動に移すことができなかったのです。

しかし、ソーシャルワーカーを取り巻く状況は、年々厳しいものになっていきます。物価高、他業種の賃金上昇のなか、ソーシャルワーカーの賃金はなかなか上がりません。会計年度任用職員制度の導入により、専門職の雇用が一層不安定になっています。多職種連携が強調されることで、頼みの綱の専門性が揺らぎ始めています。福祉系大学等に進学しても、卒後第一の進路としてソーシャルワーカーを選ばない学生も増えています。さらには、ソーシャルワーカー養成を止めてしまう大学等も出始めています。これらの帰結として、福祉人材の不足は深刻化の一途をたどっています。

このようにソーシャルワーカーが置かれている状況は、かつてよりも厳しくなっています。さらに、これまでは想定されていなかった新しい福祉的課題への対応が求められるという社会の要請もあります。そうしたなか力戦奮闘している現場のソーシャルワーカーやこれからソーシャルワーカーとして仲間になる学生等にエールを送る必要性は、文字通り「待ったなし」です。そこで『ジリツ』と『ソダチ』を執筆した六名は、もう一度集まり、僭越ながらも最後のエールを送ろうということになりました。

『ジリツ』と『ソダチ』のときもそうでしたが、本書『ミライ』のおいても、各執筆者が「ソーシャルワーカーの未来を展望する」という大きなテーマを共有しながらも、その切り口や書きぶりはそれぞれに任されています。CHAPTER 1からCHAPTER 6までを順番通りに読んでいただくこともできますし、目次を眺めて最も関心をもったCHAPTERから読んでいただくこともできる作りになっています。

各章の内容を概括すると以下のとおりです。

CHAPTER 1「誰もがソーシャルワーカーである社会へ――学生の視点から考えるソーシャルワーカーの『ミライ』」（後藤広史）では、前書『ソーシャルワーカーのソダチ』の流れを汲み、ソーシャルワーク教育の立場からソーシャルワーカーという仕事や資格の「ミライ」を展望しています。調査の結果から、ソーシャルワーク実習を履修する学生の多様な動機や、その後の進路を決める際の心の動きを浮き彫りにし、ソーシャルワークの価値観を学んだ人が、社会のあらゆる場所でその価値観をもって活躍することに可能性を見出しています。

CHAPTER 2「〝専門性〟以前の〝支援〟——〝個〟としての支援者」(荒井浩道)では、著者がこれまでも展開してきたソーシャルワークの「専門性」を問い直す作業が行われています。そしてその延長にある議論として、支援者の「得手不得手」や変更不可能な要素としての「属性」、さらには支援者自身の「当事者性」へと議論を掘り下げています。そのうえで、「専門性の鎧」を脱ぎ、「個」としてクライエントに向き合うなかにソーシャルワーカーのミライを見出そうとしています。

CHAPTER 3「力のない私たちでも/だからこそできる『その場しのぎ』」(長沼葉月)では、法制度の限界を踏まえつつ、クライエントの要望にまず向き合う、関係性を変える会話を意識する、ネガティヴ・ケイパビリティを磨く、地域でつなげると議論が展開されます。そして、力が無くて格好いいことができなくても、クライエントと会話を続けて、一緒にあがくことでその場しのぎをささえることのできるソーシャルワーカーにそのミライを託しています。

CHAPTER 4「『うろたえる』ソーシャルワーカー」(木村淳也)では、「なんとかしないとならない場面で、何ともしようがない」ときの自身の「うろたえ」を出発点としています。そして、「うろたえ」やその後の「もがき」は、「ソーシャルワーク独特の営みか?」と問うなかで、自分のなかに「すなお」と「へそ曲がり」を同居させ、ちゃんと

「うろたえ」ることと、その「うろたえ」ている自分に出会うことのできる仲間や環境を整えることのなかに、ソーシャルワーカーのミライを展望しています。

CHAPTER 5「ソーシャルワーカーをやめない――『幸せ』な社会になるように」（本多勇）では、「私は、ソーシャルワーカーですか？」という自問自答から出発し、社会福祉とソーシャルワークの整理を行い、「幸せ」とは何かという本質的な問いを立てます。そのうえで、ソーシャルワーカーとしての「自分」がクライエントである「他者」の生活への介入を行うことの難しさに言及したうえで、誰もがソーシャルワーカーのように優しい社会となることが希求されています。

CHAPTER 6「ソーシャルワーカーのこれまでとこれから――現状から未来に向けてなされるべきことの試論的提起」（木下大生）では、職域拡大により揺らぐアイデンティティ、国家資格のあり方、支援対象の範囲について議論を整理しています。そして、AI、専門性、社会体制にまで議論を展開します。そのうえで、ソーシャルワーカーの未来の構築を、理想とされるソーシャルワーカー像に近づくために何が必要かということを考え続ける営みに求めています。

このような構成からなる本書ですが、改めて全体を読み直すと、「ソーシャルワーカーの〇〇」シリーズに受け継がれてきた明けっ広げで赤裸々な書きぶりは健在です。

六名の執筆者は、「このシリーズだからこそ言えること」、さらには「最後だからこそ言わなければならないこと」をホンネで書かせていただきました。本書が、読者の皆様お一人お一人のより良い「ミライ」に少しでも貢献することができれば、この上ない喜びです。

荒井浩道

ソーシャルワーカーのミライ　もくじ

CHAPTER 1

誰もがソーシャルワーカーである社会へ
学生の視点から考えるソーシャルワーカーの「ミライ」

後藤広史

CHAPTER 2

〝専門性〟以前の〝支援〟

〝個〟としての支援者

荒井浩道

CHAPTER 3

力のない私たちでも／だからこそできる「その場しのぎ」

長沼葉月

CHAPTER 4

「うろたえる」ソーシャルワーカー

木村淳也

CHAPTER 5

ソーシャルワーカーをやめない

「幸せ」な社会になるように

本多 勇

CHAPTER 6

ソーシャルワーカーのこれまでとこれから

現状から未来に向けてなされるべきことの試論的提起

木下大生

CHAPTER 1

誰もがソーシャルワーカーである社会へ

学生の視点から考えるソーシャルワーカーの「ミライ」

後藤広史

1　はじめに

『ソーシャルワーカーのジレンマ』（二〇〇九年、筒井書房）①、『ソーシャルワーカーのジリツ』（二〇一五年、生活書院）②、『ソーシャルワーカーのソダチ』（二〇一七年、生活書院）③と、「ソーシャルワーカーの〇〇」シリーズも今回で四作目となりました。

①ではソーシャルワーカーとして働くうえで避けて通ることのできない「ジレンマ」について、生活困窮者、特にホームレス状態にある人々を支援する際に生じるジレンマに焦点をあてて論じました。この当時は、ソーシャルワーカーとして働いていた記憶がまだ鮮明だったこともあり[1]、働く中で感じていた「ジレンマ」を言語化することに挑戦しました。②では、その「ジレンマ」を乗り越える考え方（援助観）をもつことが、ソーシャルワーカーとして「ジリツ」することとなるのではないか、という考えのもと、そのことについて、自身の領域の文脈に即して提示しました。ソーシャルワーカーとして働いていたときに持ち続けていた宿題に対して、暫定的な答えが出せたように思います。③では、社会福祉の教員として働いてしばらく経った時期であったということもあり、ソーシャルワーカーとして働いていた経験に照らして、ソーシャルワーク教育のありようについてやや批判的に論じました。そこでは専門職教育がかえって支援に必要な利用者との

「人間的なかかわり」を阻害する要素となりうる可能性について書きました。

今回のテーマはソーシャルワーカーの「ミライ」です。

最近、ソーシャルワーカーという仕事や資格の「ミライ」についてよく考えるようになりました。それはおそらく、③を書いていた頃から教員としての経験をさらに重ねてきて、学生が進路選択をする中での葛藤や迷いについて相談に乗る機会が多くなってきたこと、また、自分自身が中年という年齢に差し掛かり、自身のことよりも、これからのミライを担う人たちや今後の社会のことを、否が応でも考えざるを得なくなってきたからかもしれません。

私自身は、ソーシャルワーカーという仕事は創造性があり、やりがいのある仕事だと思っています。そして自分自身のポジションによるエゴですが、教えている学生にもそのように思って欲しいし、願わくは将来その仕事に就いてくれたらと思って授業をしてきました。そのため、この企画が立ち上がって書き始めた当初の原稿は、私のソーシャルワーカーとしての経験の中で感じてきたこと、研究・教育活動の中で得た知見などを俯瞰的な視点で捉えて、ソーシャルワークを学ぶ学生や、今ソーシャルワーカーとして働いている人たちに、その魅力を語ることで、この仕事の「ミライ」を前向きに論じようとするものでした。ところが、書いているうちに、「なんだかつまらないな」と感じて全面的に書き直すことにしました。今考えると、おそらくそのように感じた理由は、「教えよう」というおごった気持ちが透けて見えるような文章だったからだと思います。人間、この年になると、自分の経験や学んできたことを絶対視して、若い人についつい諭そうとしてしまうようです。若い頃に自分が大嫌いだった大人になるところでした。あぶない。

どう書き直そうかなと考えていたときにふと思ったのは、これからのミライを担うのは若者なのだから、ソーシャルワーカーの「ミライ」について何か書くのであれば、若者の考えに即して書かないといけないのではないか、ということでした。そこで、身近な若者である福祉を学ぶ学生の視点を全面的に取り入れた内容で書き改めることにしました。

いま福祉を学ぶ学生は、どのような考えで福祉を学ぼうと思い、どのような思いでソーシャルワーク実習を履修し、その経験で福祉の仕事をどう捉え、最終的にどういった考えの変遷を経て就職先を選ぶのでしょうか。これらを明らかにすることで、ソーシャルワーカーという仕事のミライを考えるうえでのヒントを得たいと思います。

2 調査概要

本稿では、上述したことについて二つの調査結果を用いて検討したいと思います。一つは筆者が所属する大学の福祉学科の学生で、二〇二二年度に三年生として在籍し、その年にソーシャルワーク実習（以下「実習」）を行った学生八五人に対して行ったアンケート調査です[2]。Google

フォームでアンケートを作成し、該当者にメールでURLを送付して期間内に回答してもらいました（調査実施時期：二〇二三年七月三日〜一三日）。回収率は六九・四％（五九件）でした。アンケートは匿名で収集し、回答は任意であること、結果の一部が書籍などで公表される可能性があることと、回答しないことで就学上の不利益を被ることはないことを明記したうえで行いました。

調査の項目は、福祉系の学科が第一志望であったかどうか、実習を行う前後の福祉の仕事（ソーシャルワーカーの仕事）についてのイメージ、実習がどの程度進路選択に影響したか、実習を行う前後の就職希望先の変化の有無とその理由などを尋ねています。

もう一つは、このアンケート後に実施したグループインタビュー調査です。アンケートに回答してくれた学生の中から、二〇二二年に筆者の演習クラスに所属していた学生に協力を依頼し、アンケートの結果を提示し、それについての印象や感想を尋ね自由に語ってもらいました。参加者は六名でした（表1参照）[3]。

アンケートの結果をみるにあたっての留意点を先に三点述べておきたいと思います。

第一に、この調査は筆者が所属する大学の学生のみに実施したものであり、当然のことながら福祉を学ぶ学生の意識を代表するものではありません。筆者が所属する大学は関東にある総合大学で、相対的に高偏差値群に位置する大学の一つです。それゆえ、福祉系の学科に入る動機や、就職に対する考え方も、そうではない大学で福祉を学ぶ学生とはやや異なる傾向を持っていると

表１　アンケート調査の参加者

	学科選択	実習先	実習前の就職希望先	実習後の就職希望先
Ａさん	第一志望	ホームレス自立支援センター	福祉職	福祉職
Ｂさん	第一志望	児童関連施設	福祉職	福祉職
Ｃさん	第一志望	社会福祉協議会	福祉職	一般企業（福祉系以外）
Ｄさん	第一志望	児童関連施設	一般企業（福祉系以外）	一般企業（福祉系以外）
Ｅさん	第一志望	福祉事務所	公務員（福祉職）	公務員（福祉職）
Ｆさん	第一志望ではない	更生保護施設	福祉職	公務員（福祉職）

考えられます。

第二に、回答者は実習を選択した学生に限られていることです。実習を選択している時点で、していない学生とは福祉の仕事に対する考え方などは大きく異なると考えられ、それが回答に影響していると思われます。

第三に、今回アンケート調査の対象となった学生は、新型コロナウイルス蔓延の影響によって、一、二年生の間、ほとんど学校に来られず、オンラインで授業を受けてきた学年であることです。本調査では、実習を選択した時点での就職希望先などを尋ねていますが、そのような状況がゆえに、その当時に先輩や教員からそれらに関する十分な情報が得られなかった可能性があり、それが回答に影響している可能性があります。

とはいえ、以上のような限界がありつつも、本調査は現代社会で福祉を学ぶ学生のリアルな声が反映されており、ソーシャルワーカーの「ミライ」を考えるうえで一定の材料を提供できるのではないかと思います。

3 結果

学科選択と実習に行った動機

まず、学生の学科選択の死亡順位についてみてみましょう。大学にかかわらず福祉系の学科が第一志望だったかどうか尋ねたところ、第一志望だったと回答したのは四二人（七二・四％）でした（図1）。実習に行った学生を対象とした調査であるため、第一志望の割合が高い結果になったと予想されます。

さて、この結果は、逆にいえば回答者の約四分の一は福祉学科が第一志望ではなかったにもかかわらず実習に行くことを選択したことを示しています。では、学生はどのような理由から実習に行くことを選択したのでしょうか。図2は実習を履修した理由を尋ねた結果です（複数回答）。最も割合が高かったのは、「社会福祉士の資格を得るため」（九三・一％）でした。実習に行かなければ受験資格を得られないため、この結果は当然と言えば当然です。次に割合が高かったのは「学生時代の経験になると思ったため」（八三・一％）でした。

さて、ここまでの回答はある程度予想がついていましたが、興味深かったのは、「福祉職

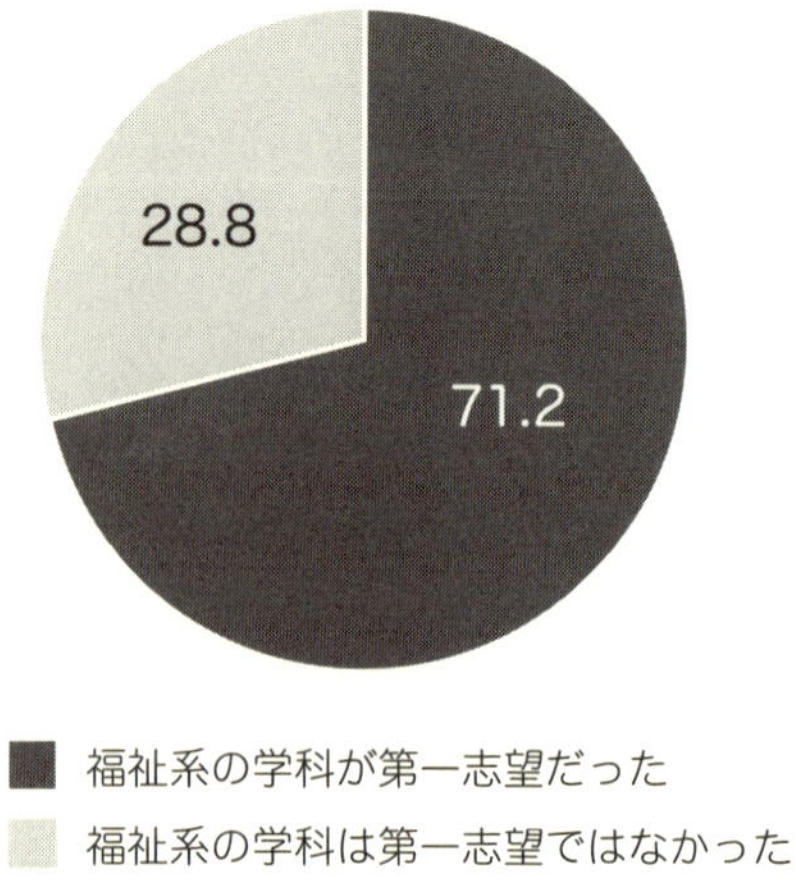

図１ 学科選択について（単位：％）
出所：筆者作成（以下同じ）

と一般企業のどちらでも選べるようにするため」（三三・九％）、「卒業後すぐではないが、将来、転職して福祉職に就くかもしれないため」（三三・九％）といった一般企業を視野に入れた回答が三割強あり、これが「卒業後すぐに福祉職に就くため」（二二・〇％）と回答した割合よりも高いことです。このような回答傾向は、筆者が所属する大学の特性がよく表れていると言えるかもしれません。実際、学生の一人はインタビューの際に以下のような発言をしていました。

もともとは迷っていて、社会福祉士として働くのもありだったし、一般企業で営業みたいな仕事もありだなと思っていて、どっちも経験したいと思っていた（Cさん）

ちなみに図2のそれぞれの項目について、先の学科選択の設問（福祉学科が第一志望かそうではないか）とクロス集計をしたところ、統計的な有意差が確認できた項目が一つだけありました。

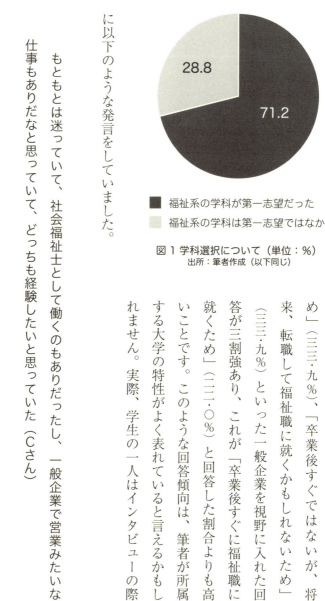

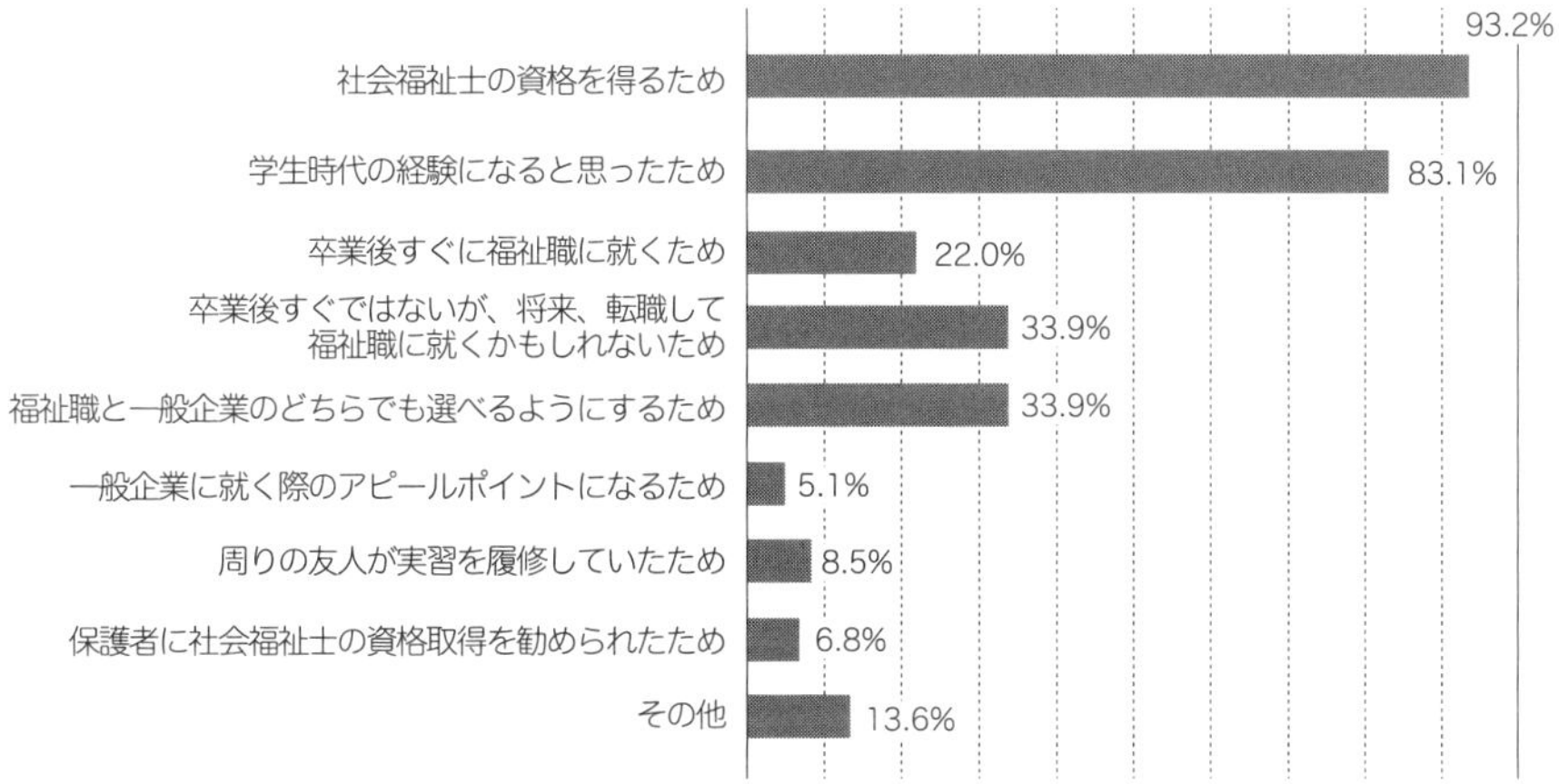

図２実習を履修した理由
（複数回答）

なんだと思いますか。正解は、「卒業後すぐではないが、将来、転職して福祉職に就くかもしれないため」です（第一志望ではなかった学生が多く〇をつけていました）。この辺りは非常にわかりやすい結果といえるかもしれません。

実習前後の福祉の仕事に対するイメージの変化

このような動機で実習を履修した学生は、実習の前後で福祉の仕事（ソーシャルワーカーの仕事）に対してのイメージがどのように変化するのでしょうか。今回の調査では須田・川原（2021）の研究を参考に、福祉の仕事について①「暗い／明るい」、②「精神的な負担が大きい／小さい」、③「時間的なゆとりがない／ある」、④「給料が低い／高い」、⑤「福利厚生などの面で働きにくい／やすい」の五つについて四件法で尋ねました。ここでは、このうち実習での経験が直接的

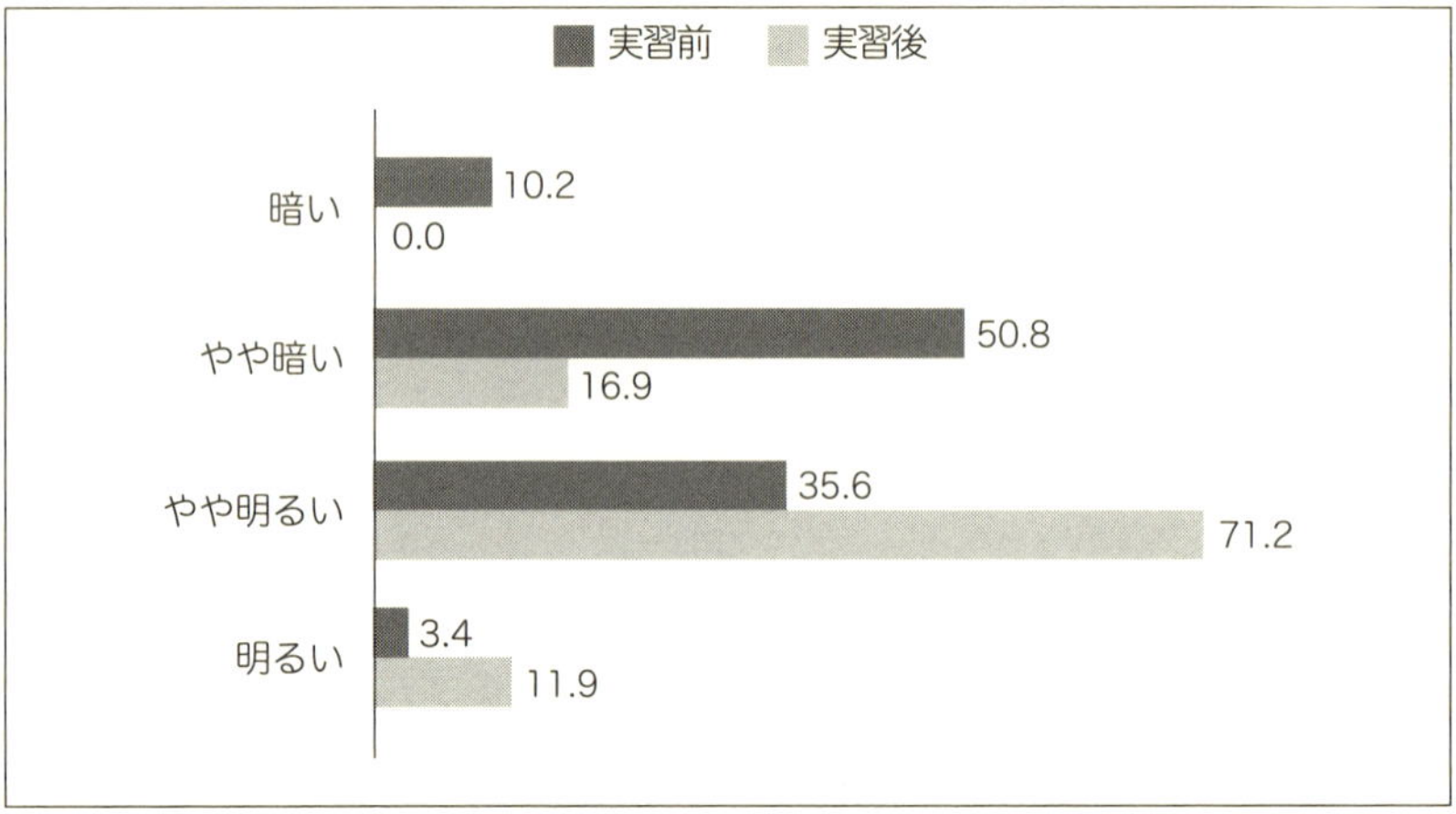

図３　実習前後の福祉の仕事についてのイメージの比較
（暗い／明るい）（単位：％）

な変化の契機となったであろう①～③についての結果を示します。

図３は、「暗い／明るい」について、実習前後で回答の割合がどう変化したかを示したものです。

実習前は、「暗い」、「やや暗い」があわせて六一％を占める結果になっていますが、実習後はそのイメージが大きく改善され、「やや明るい」が七一・二％、「明るい」が一一・九％となっており、明るいイメージのほうに大きく変化していることがわかります。

次に、「精神的な負担が大きい／小さい」の結果についてみてみましょう（図４）。

実習に行く前は、「精神的な負担が大きい」が六一・〇％でしたが、実習後はそれが四〇・七％に下がり、反対に「やや精神的な負担が大きい」の割合が実習後に高くなっています。「精神的な負担が小

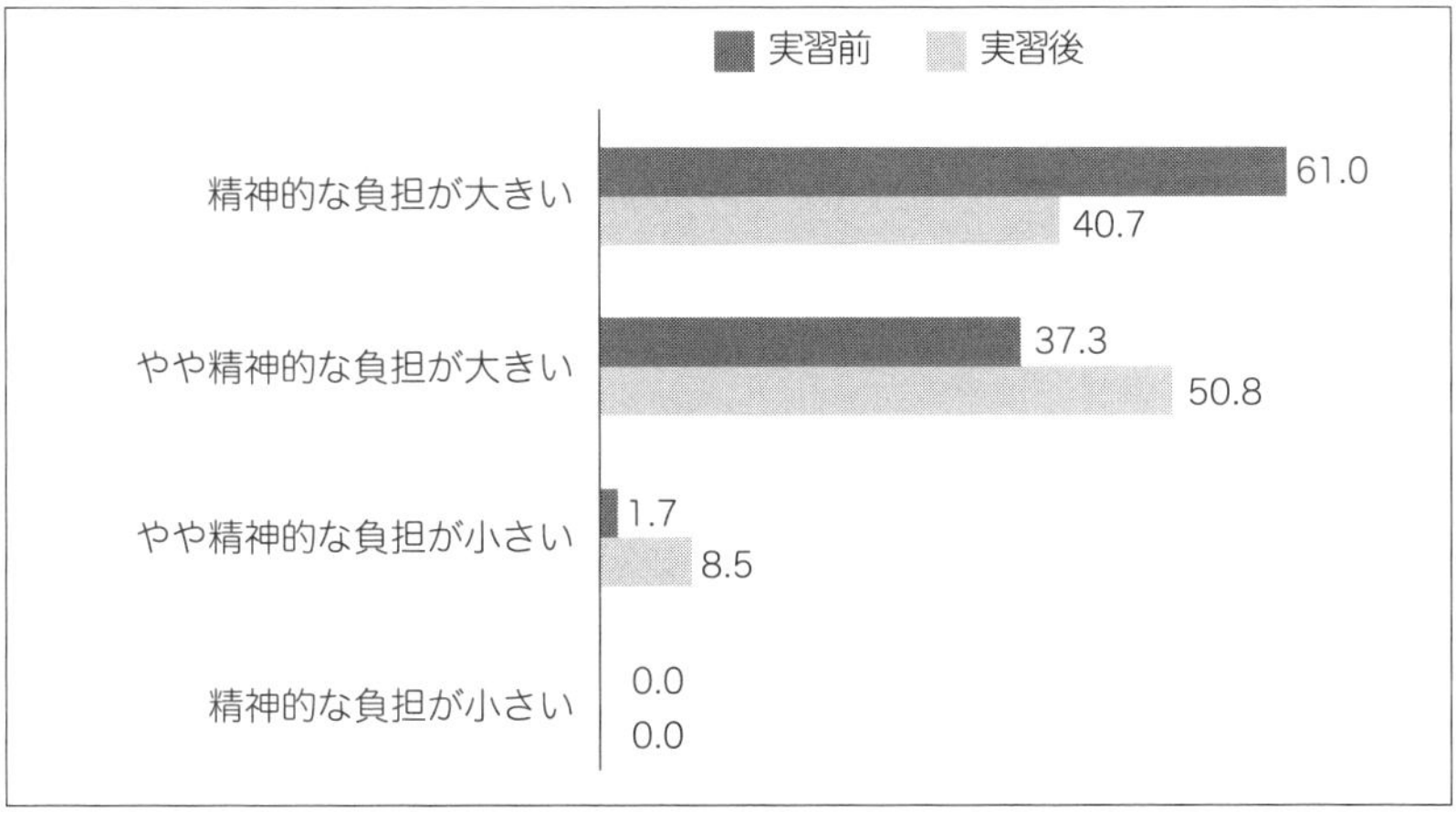

図４　実習前後の福祉の仕事についてのイメージの比較
（精神的な負担が大きい／小さい）（単位：％）

さい」は、実習の前も後も〇％でした。精神的な負担の大小のイメージは、先の「暗い／明るい」に比べるとやや改善されるといったところでしょうか。

最後に、「時間的なゆとりがない／ある」の変化についてみてみたいと思います（図５）。

実習前は「時間的なゆとりがない」が四九・二％、「やや時間的なゆとりがない」が三九・〇％でしたが、実習後は、前者の割合が二七・一％に減少し、後者の割合が一〇％ほど高くなっています。また実習後に「やや時間的なゆとりがある」と回答した割合も一〇％ほど高くなっており、この項目についても実習後にイメージが改善している様子がうかがえます。もちろんこれらの回答は、実習先がどこであったか、どのようなプログラムの下で実習を行ったかに大きく依存しますし、そもそも実習では、職員がかかわらせられると判断した事例にしか触れる

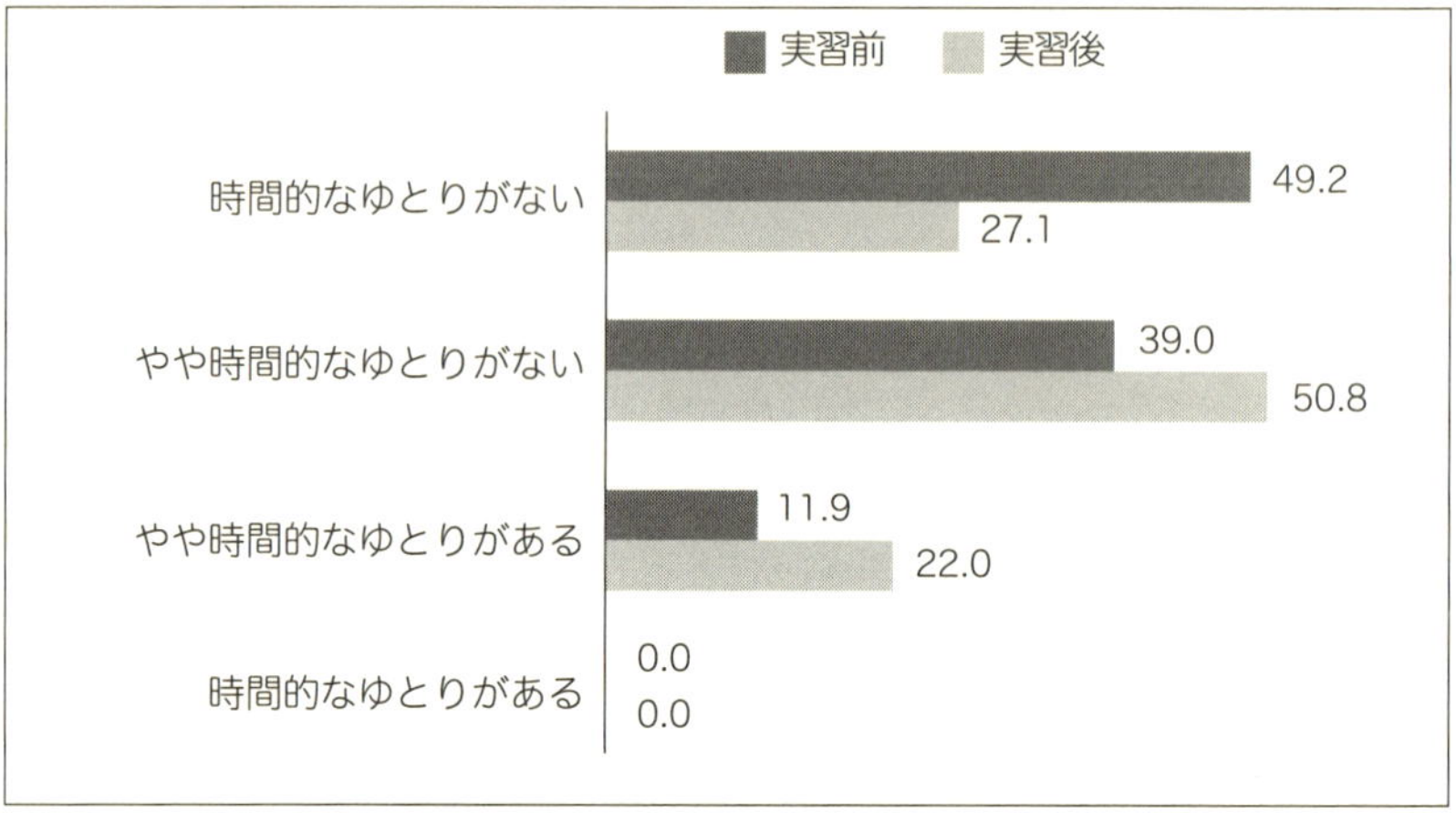

図５　実習前後の福祉の仕事についてのイメージの比較
（時間的なゆとりがない／ある）（単位：％）

ことができないという限界もあるため、結果は参考程度にとどめておく必要があります。

ただ、ここで問題にしたいのは、学生の多くが、実習のような長期にわたって福祉の現場に触れる経験がなかったにも関わらず、なぜここまで福祉の仕事に対して良くないイメージをもっているのかという点です。この点についてグループインタビューに参加した学生は以下のように考えていました。

なんかテレビとかって、福祉を頑張っている人が特集とかで取り上げられるじゃないですか。だからすごい頑張る人、困難に立ち向かっていく人がやる仕事なんだみたいなイメージができている気がする。けど実際に実習に行ってみたら、笑顔があふれている感じだった（Eさん）

福祉って障がい者、高齢者っていうイメージしかなくて、経験していないと大変っていうイメージがどうしても先に来てしまう。実際見たことがないのに何で大変って思ってしまうのかわからないですけど。もしかしたら親の影響とか、高校の進路指導とかの身近な人人の影響とかもあるかもしれないですね。福祉に進むって言ったときに親もあまり良い顔しなかったし（Fさん）

授業でネガティブなイメージができてしまうというのはあるかもしれない。問題が複雑で難しいケースでないと事例にならないのはわかるけど、授業で扱うのがそういうケースばかりなので（Bさん）

実際に実習に行ってみたら、利用者の人が「普通」の人で驚いた（Aさん）

就職先の選択における実習の影響と実習前後の変化

このアンケートの対象となった学生は、アンケート回答の時点ですでに内定が得られている人もいたり、就職活動が真っ最中であった学生がほとんどでした。そこで、実習での経験が就職先の選択にどの程度影響を与えたか尋ねてみました（図6）。

みるように、「とても影響があった」が約五三％、「やや影響があった」が約三二％と、程度の

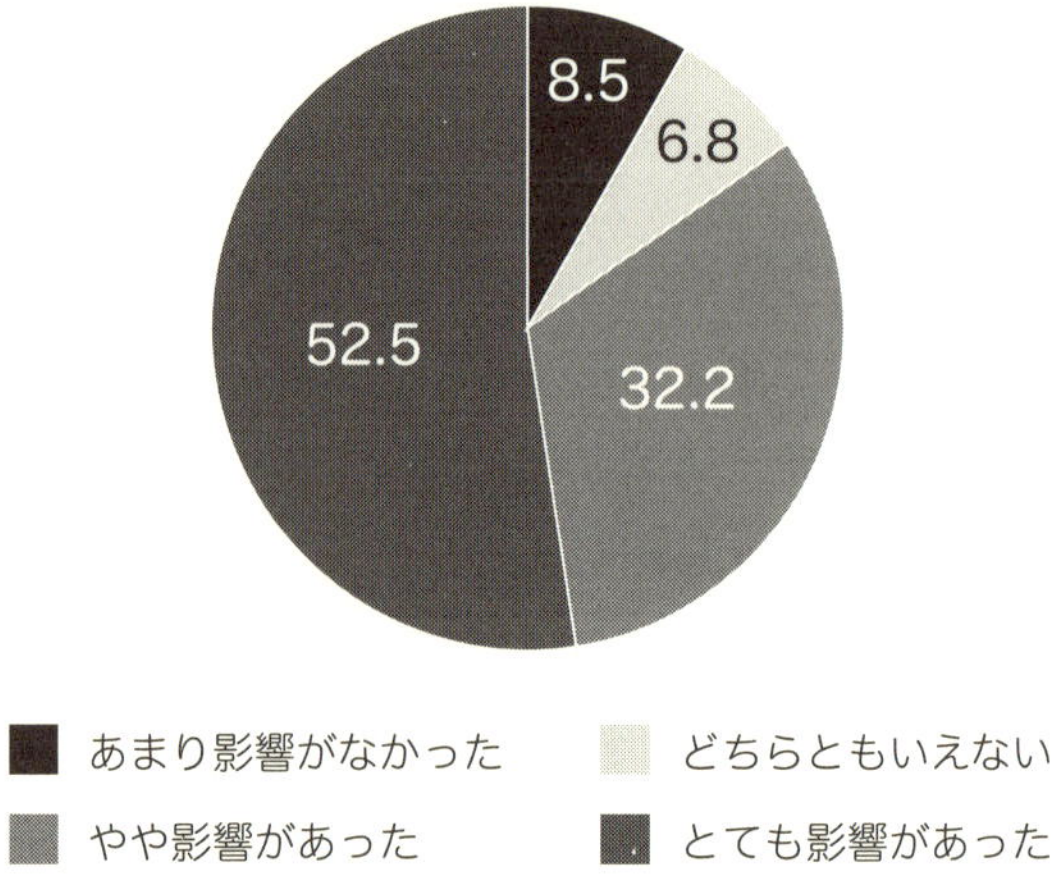

図６　実習の経験が就職希望先に影響したか（単位：％）

差こそあれ、ほとんどの人が、実習での経験が就職先の選択に影響があったと回答していることがわかります（なお、本設問は五件法で尋ねていますが、「ほとんど影響がなかった」は〇％でしたので、この図には載せていません）。

　では、実習の前後で学生の就職希望先はどのように変化するのでしょうか。先の実習後の福祉の仕事のイメージの改善度合い、そして直前でみた実習での経験が就職先の選択に与えた影響の大きさを鑑みると、「福祉職を選択する人が増えている」という仮説も成り立ちそうですが、結果はどうでしょうか。

　図7は、実習を選択した時点での就職希望先と、現在（アンケートを回答した時点）での就職希望先（内定決定も含む）の結果を比較したものです。結果は、先の仮説とは逆の結果となりました。実習後に一般企業（福祉系以外）の割合が高くなり、逆に福祉職（病院〔ＭＳＷ〕を含む。以下「福祉職」）が低くなっています。なお、それ以外の就職希望先の割合は実習前後でほとんど変化がありません。ただ、この結果では個々の詳細な動きがわからないので、クロス集計をした結果

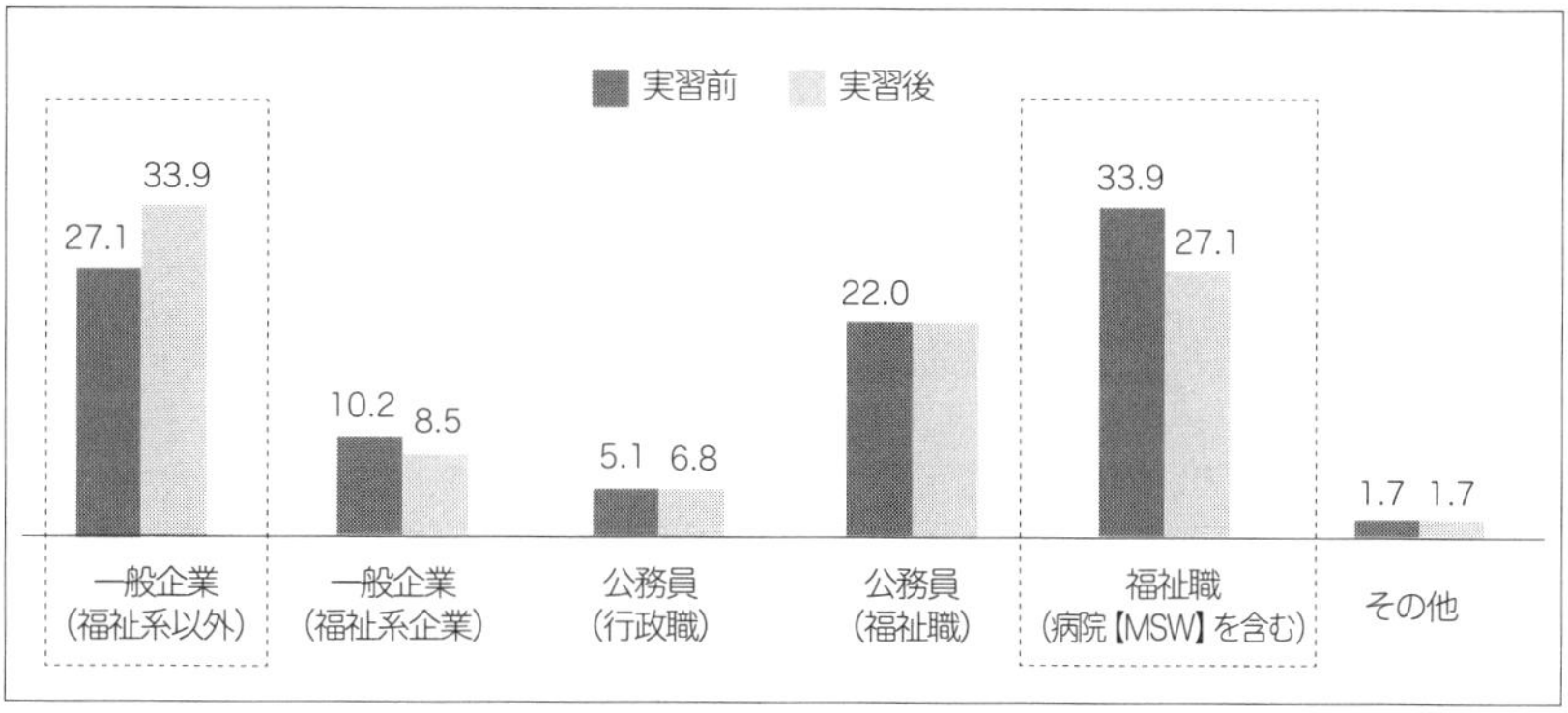

図７　実習前後の就職希望先の比較（単位：％）

についても示します（表２）。左の列が実習前の就職希望先、上の行が現在の就職希望先になります（χ^2test を用いて検定）。表中の網掛けしてある箇所が、実習の前後で就職希望先が変化しなかった人たちになります。数が多いところで例をあげると、一般企業（福祉系以外）を希望していた一六人のうち一二人（七五・〇％）、公務員（福祉職）を希望していた一三人のうち九人（六九・二％）、福祉職を希望していた二〇人のうち一二人（六〇・〇％）が、実習後も希望する就職先が変わらなかったことがわかります。それ以外も含めると、五九人中三七人（六二・七％）が実習前後で就職希望先が変わりませんでした。

他方、残りの二二人（三七・三％）は、実習を経て（もちろんそれだけが理由ではありませんが）、就職希望先が変化したことになります。その理由について探るために、変化した人を取り出して、実習前後の就職希望先とその変化の理由について示したものが表３です。ここでは、実習前の就職希望先は

表２　実習前後の就職希望先の比較（クロス表）

	一般企業（福祉系以外）	一般企業（福祉系企業）	公務員（行政職）	公務員（福祉職）	福祉職	その他	合計
一般企業（福祉系以外）	12 (75.0%)	2 (12.5%)	0 (0.0%)	0 (0.0%)	2 (0.0%)	0 (0.0%)	16 (100%)
一般企業（福祉系企業）	1 (16.7%)	2 (33.3%)	1 (16.7%)	0 (0.0%)	1 (16.7%)	1 (16.7%)	6 (100%)
公務員（行政職）	1 (33.3%)	0 (0.0%)	2 (66.7%)	0 (0.0%)	0 (0.0%)	0 (0.0%)	3 (100%)
公務員（福祉職）	1 (7.7%)	1 (7.7%)	1 (7.7%)	9 (69.2%)	1 (7.7%)	0 (0.0%)	13 (100%)
福祉職	5 (25.0%)	0 (0.0%)	0 (0.0%)	3 (15.0%)	12 (60.0%)	0 (0.0%)	20 (100%)
その他	0 (0.0%)	0 (0.0%)	0 (0.0%)	1 (100%)	0 (0.0%)	0 (0.0%)	1 (100%
合計	20 (33.9%)	5 (8.5%)	4 (6.8%)	13 (22.0%)	16 (27.1%	1 (1.7%)	59 (100%)

P＜000.1

福祉職を希望していなかったけれど、実習後に福祉職を希望した三人（ＩＤ　1、2、3）と、その逆のパターンである六人（ＩＤ　4、5、6、7、8、9）の回答を詳しく見てみましょう。

まず前者の三人は、実習を行う前の就職希望先は、福祉系の企業もあるとはいえ、いずれも一般企業でした。しかしながら、「実習で実際の福祉（の仕事）を体験して、人と関わるのが楽しく、自分も福祉（特に地域福祉）に携わりたいと思ったから」といった回答の通り、実習を通して福祉の仕事の魅力に触れ、福祉職へと就職希望先を変えた事例です。

一方、後者の六人は、実習を行う前の就職希望先は、公務員も含めた福祉職でしたが、実習後の就職希望先はすべて「一般企業（福祉系以外）」となっています。しかし、回答をよくよく見てみると、福祉の仕事に就くことを断念したからというよりも、「実習を経験し

表 3　実習前後で就職希望先が変化した理由

I.D.	実習前	実習後	変化の理由
1	一般企業（福祉系以外）	福祉職	給料などを考慮して一般企業を受けていたが、自己分析を進めていく中で自分の思いややりたいことを叶えられるのは福祉職であると気づいたため。また、実習先の子どもたちが忘れられなかったため。
2	一般企業（福祉系以外）	福祉職	実習をしたことで、この業界に関わり続けたいと思ったから。
3	一般企業（福祉系企業）	福祉職	実習で実際の福祉を体験して、人と関わるのが楽しく、自分も福祉（特に地域福祉）に携わりたいと思ったから。
4	公務員（福祉職）	一般企業（福祉系以外）	福祉職の公務員を視野に入れていたが、色々な職業を体験してみたいと思うようになったから。
5	福祉職	一般企業（福祉系以外）	将来的には福祉に携わりたいが、新卒カードがあるうちに他業界を経験してみたいと考えたため。福祉業界への転職はいつでもできるが、反対に、福祉業界から他業界への転職は難易度が高いように感じたため。
6	福祉職	一般企業（福祉系以外）	実習に出たことで、新卒で社会福祉協議会に入社するよりも、社会経験を積んでから入社している方が多いことがわかった。一般企業で様々なビジネスの基礎（コミュニケーション能力、営業スキル、財的なノウハウなど）を身につけながら経験を積みたい。将来は、入学時の夢であった社会福祉協議会へ入社したいと考えているが、内定先が起業や新規事業立ち上げに積極的な社風がある為、一般企業の中で福祉に関わるサービスの立ち上げや起業に携わることも視野に入れている。
7	福祉職	一般企業（福祉系以外）	実習を経験した上で、福祉分野以外の知識や多角的な視点が必要であることを改めて理解した。そのため、視野を広げるためにも福祉職以外の社会経験を積みたいと思った。
8	福祉職	一般企業（福祉系以外）	実際の現場を見て、そこでの様々な側面における大変さを知り進路について考えた。また、福祉職は現状いつでも就職できる職業であると職員の方に言われたため、まずは一般的な仕事を経験したくなった。
9	福祉職	般企業（福祉系以外）	実習と一般企業でのインターン両方を経験した上で、後者の方が自身のやりたいことや希望する働き方、福利厚生が合っていると考えたため。

た上で、福祉分野以外の知識や多角的な視点が必要であることを改めて理解した」り、「一般企業の中で福祉に関わるサービスの立ち上げや起業に携わることも視野に入れた」結果、一般企業へと進路変更しているケースも少なくないことがわかりました。インタビューに参加した学生の中には、福祉の仕事をやりたいけれど、福祉の枠の中でできることの限界を感じて、一般企業へと進路を変えた人もいました。

福祉は制度の中である程度やれることが決まっている感じがある。特に公務員とか。一般企業で広い意味で福祉にかかわったほうがやれることが大きい気がする。そういう場所で一回経験をしてもよいかなと思って（一般企業を選んだ）。（Dさん）

4　考察

みてきたように、学生は卒後にストレートでソーシャルワーカーになるためだけではなく、多様な動機で実習を履修していることがわかりました。本調査に限っていえば、少なくない学生が、一般企業も視野に入れつつ自身の進路の選択肢を確保するために、言い換えれば福祉職も一般企業も両方とも選べるように実習を履修している様子がうかがえました。

この結果は、ソーシャルワーカーになることを前提で実習を受けいれていただいている実習先の方々にとってみれば、眉を顰める向きもあるかもしれません。しかしながら、これは実習の履修を選択する時期を考えれば一定程度しょうがないことではないかと考えています。アンケート調査の対象となった学生が実習に行くことを最終的に選択した時期は、二年生の七月の時でした。これを読んでくださっている皆さんの経験に照らしても、大学生のこの時期に就職希望先が明確に決まっている方が珍しいのではないかと思います。さらに、昨今の学生が、不安をあおるような就活の情報に常にさらされていることを考えれば、できるだけ将来の選択肢を残しておく、という行動をとるのはごく自然なことのように思います。

また実習先の方々だけでなく、教員側もややもすると、実習を選択するのだからソーシャルワーカーになることを優先順位の一位と期待してしまいがち（あるいはその方向に進路を仕向けようとしてしまいがち）ですが、本調査の結果は、その期待をいったん括弧に入れて、学生の「迷い」に寄り添うような教育をしていくことの必要性を示唆していると言えるのかもしれません。

こうした迷いの背景にあるものの一つとして、実習前の福祉の仕事に対するイメージの悪さもあるでしょう。本調査の結果からは、実習前の福祉の仕事に対するイメージの悪さが明らかになりました。具体的には、福祉の仕事はどちらかといえば暗く、精神的な負担が大きく、時間的な余裕がないものとして捉えられていました[4]。このイメージは、メディアだけではなく、身近な大人や、教育の内容によってもたらされている可能性があることがインタビューで語られていました。確かに私たち教員が授業で扱う事例は、複雑なものが多く、大変な時間と労力をかけないと問題解決にまで至らないものがほとんどです。また、取り扱う動画も、問題意識を持ってもらうために、「こんなにも大変な人たちがいる」というものを選びがちなように思います。しかし、学生が実習で感じたように、実際の福祉の現場は、そのような事例ばかりではもちろんありません。このように考えると、教員が福祉を語るときのそのメッセージの差し出し方が「シリアスすぎる」のかもしれません。その意味では私たち教員が出しているメッセージそのものが、本当に福祉の現場の実際を反映したものであるのかをもう一度見直す必要があるでしょう。そうしないと福祉の教育が、かえって福祉の道に進むことを諦めさせてしまう装置にすらなりかねないように思います。

さて、学生は、実習前には先のようなイメージを持って実習に臨むわけですが、その経験は、福祉の仕事に対するイメージを大きく改善させることに寄与していました。また実習の経験が就職希望先の選択に大きく影響していることもわかりました。ただし、六割の学生には、就職希望先を変えるというかたちでの影響ではなく、もともとの希望を強化させていることをうかがわせる結果となっていました。この点は、先の須田・川原（2021）の研究結果を支持する結果となっています[5]。一方、残りの四割の学生は実習の前後で就職希望先を変化させていました。比較をした結果、実習後は「福祉職」を選択する学生が若干ではあるものの減少していました。しかしながらそれは、福祉職に就くことを断念したというよりも、将来福祉職に就く際に様々な経験を積んだ方が良いと判断した結果なされた変更である場合も少なくないことがわかりました。

利用者の抱える生活上の課題が複雑化・多様化する中で、様々な経験や見識を持ったソーシャルワーカーが今後求められてくることを踏まえると、個人的にはこのような考え方はむしろ肯定的に評価されるべきと考えます。例えば私自身、学部を出てすぐに生活困窮者、特にホームレス状態にある人々を支援しているNPOのソーシャルワーカー（非常勤）として働きましたが、仕事がない（できない）ことの辛さや、生活保護を受けることへの葛藤などは、その当時、知識としては持っていても、心から理解することができていなかったように思います。もちろん、人間はすべてのことを経験できませんし、こうしたことを過度に強調することは、悪しき経験至上主義に陥る危険性もありますが、様々な経験をすることがソーシャルワーカーとしての働き方に良い影響を与えることは、私自身の経験に照らしても事実であると思います。

ただこれは、卒後すぐにソーシャルワーカーとして働くことを否定するものではありません。経験に根差した高い専門性が求められるような現場にとっては、そうした福祉のプロパーとしての人材が必要なこともまた事実だからです。要は、多様なバックグラウンドを持った人がソーシャルワーカーとして働いていること、それがソーシャルワーカーの「ミライ」にとって必要ではないかということです。

5　誰もがソーシャルワーカーである社会へ

と、ここまで卒後すぐにではないにせよ、福祉を学んだ学生が、最終的に福祉の現場で働くことを期待しているような論調でいろいろと述べてきました。ここまで読むと、何だ、やっぱり内心は福祉職について欲しいのね、と言われそうです。でも今回、学生が実習で学んだこと、その過程で考えたことをアンケートの結果やインタビューの発言から知り、福祉を学んだ学生が「どこで働くか」も大事だけれど、それと同じくらいそういう学生があらゆる場所に増えていくことも、これからの社会にとって大事なのかもしれないと考えるようになりました。なぜなら、生きづらさを抱える人々が増えているいま、ソーシャルワークに根差す価値観は、すべての職場や地域、その他社会のあらゆる場所で必要なものだと思うからです。

確かに冒頭述べた通り、私は、願わくは将来ソーシャルワーカーとして働いてくれたらと思って授業をしてきました。ですが、どうやら私は福祉の専門家を養成しようとするあまり「ソーシャルワークの価値観を持つこと」と「ソーシャルワーカーであること」を無意識に結びつけようとしすぎてしまっていたのかもしれません。今回の調査を通して、ソーシャルワークの価値観を学んだ人が、社会のあらゆる場所でその価値観をもって活躍すること、いわば「誰もがソーシャルワーカーである社会」を目指すことがソーシャルワーカーの「ミライ」にとって重要なことではないかと考えるようになりました。今回紹介した学生たちの声は、そんなことを伝えてくれているように思います。

［謝辞］
インタビュー調査に協力してくださった磯衣吹さん、神田幸奈さん、柴谷涼さん、関龍誠さん、櫨山祐也さん、高橋勇貴さんにこの場を借りて感謝申し上げます。またアンケート調査に回答してくださった学生の皆さんにもお礼申し上げます。

Key Word

・ソーシャルワーク実習とキャリア
・あらゆる場所にソーシャルワーカーがいる意味
・ソーシャルワーク教育の方向性

［注］
1　私は二〇〇三年から約五年間、非常勤のソーシャルワーカーとして生活困窮者・ホームレス状態にある

人々を支援する認定NPO「山友会」で働いていました。団体の詳しい概要については、こちらのホームページをご参照ください。https://www.sanyukai.or.jp/

2　立教大学では、実習は選択制です。調査の対象となった学年の定員は一五四名でした。この当時は精神保健福祉士の資格コースもありましたが、本稿では、議論の煩雑さを避けるために、社会福祉士の実習に行った学生のみを対象にしました。

3　本インタビュー調査においてもアンケート調査同様、本文にあるような点について同様の説明を行いました。両調査の実施に当たっては、文部科学省・厚生労働省が定める「人を対象とする生命科学・医学系研究に関する倫理指針」を遵守して行いました。

4　本調査が、実習を選択した学生を対象とした調査であることを考えれば、その選択をしなかった学生の福祉に対するイメージは今回の結果よりもさらに悪いことが予想されます。

5　この研究でも、二〇一六年度の実習生の六割以上、二〇一七年度については八割以上が、実習前後で志望する進路を変更していなかったとの結果が報告されています。

［参考文献］

須田木綿子・川原恵子（2021）「社会福祉人材育成における四年制大学の役割――相談援助実習に参加した学生の視点から」『東洋大学社会学部紀要』59（1）：57-70.

※本稿の見解は筆者個人の見解であり、所属する組織を代表するものではありません。

CHAPTER 2

“専門性”以前の“支援”

“個”としての支援者

荒井浩道

1 「支援者」の誕生と「専門性」

社会の近代化にともない、わたしたち「支援者」は誕生しました。「支援者」は、太古の昔から存在してたわけではありません。象徴的にいえば、わたしたちソーシャルワーク領域ではリッチモンド（Richmond. M）を出発点として、「支援」を生業とする専門職としての「支援者」が誕生したのです[1]。

かつて「支援」は、必ずしも専門職としての「支援者」による営みではなかったといえるでしょう。目の前にいる困っているひとに手を差し伸べる有象無象の行為が「支援」であったはずです。そこでは、だれもが「支援」を提供する「支援者」になる可能性がありました。そして同時に、だれもがその「支援」の提供を受ける「クライエント」となる可能性もありました。「支援」を、「する／される」という営みに、多くのひとが参画する余地が残されていたのです。

ところが今日、「支援」という営みは、「支援者」の占有物になりました。だれもが気軽に「支援」にかかわることは難しくなっています。もちろん、市井のひとびとが行う支援的な営みは、「ボランティア」という名前を与えられ存続を許されています。しかし、ボランティアは、「支援者」が提供する「支援」とは明確に区別されます。「支援者」が提供する「支援」は、ボランティアとは異なる「特別な営み」として扱われます。そして、その「支援者」による「支援」の提供を受ける「クライエント」も「特別なひと」とみなされます。「支援者」の誕生と同時に「クライエント」も誕生したのです。

専門職である「支援者」による「支援」と、市井のひとびとが行う支援的な営みを分けるときに重宝する便利な言葉は、「専門性」です。たとえば、「専門性を有した」、さらには「専門性が高い」という表現は、レトリック（修辞法）としてとても巧みです。「専門的な支援」を「そうではない支援」を区別するうえで強い説得力をもちます。

この「専門性」ですが、教科書には、知識、技術、価値・倫理などであるとされています。なるほど、そうした「専門性」を身に着けておけば、「良い支援」を行うことができそうです。少なくとも「悪い支援」を行わずに済むように思えてきます。だからこそ、「支援者」であるわたしたちソーシャルワーカーは、「専門性」を高めるため資格を取得し、その後も研鑽を積むことが求められています。

ところが近年、この「専門性」に対して、懐疑的な眼差しが向けられるようになっています。一般的に「専門性」は、「無いよりは有ったほうがよい」ものとして、さらには「低いよりは高いほうがよい」ものとされています。しかし、ほんとうにそうでしょうか。高すぎる「専門性」が邪魔をして、支援が上手くできないこともあるのではないでしょうか。そして、そもそも、この「専門性」は、誰のためにあるのでしょうか。クライエントのために身につけたはずの「専門性」がクライエントを傷つけることもあるではないでしょうか[2]。

さらに掘り下げると、この「専門性」という言葉はなかなか厄介です。一見、重要そうではありますが、突き詰めて考えれば考えるほど、よく分からなくなる概念です。わたしたちは、この言葉を前にすると思考停止に陥ってしまいます。この意味における「専門性」は、瞞《まやか》しの言葉、すなわちマジックワードといえるでしょう。一方では、専門職による「支援」を正当化するだけの強い説得力を持ちますが、他方では、簡単には説明し尽くせない複雑で多様な支援的営みに蓋をして見えなくしてしまう危険を孕みます。この「専門性」を前提に「支援」を論じようとすると、「支援者」はもはやユニークな個人ではなく、年齢や性別さえも削ぎ落とされた「透明な支援者」になってしまうのです[3]。

さて、このようにみてくると、いよいよ「支援」というものが分からなくなってきました。「専門性」という概念を使わずにわたしたちの「支援」のあり方を説明することができるでしょうか。そこで本稿では、「専門性」の手前で立ち止まり、「支援」という営みそれ自体を見つめ直していきたいと思います。

2　支援者の「個別性」

「専門性」の功罪

わたしたちの社会では、「支援」を説明するうえで「専門性」という言葉が多用されます。たしかに「専門性」は、「支援」を論じるうえで高い説明力をもちます。教科書的にも、「専門性」は、「良い支援」の論拠として位置づけられます。「良い支援をするために、高い専門性を身に着けましょう」、「良い支援できないのは、専門性が低いからだ」という主張を耳にしたとき、そこに疑いの眼差しを向けることは容易ではありません。わたしたちは、「専門性」という言葉を前にすると、あまりにも無力なのです。

しかし、すでにみてきたように、「専門性」は、巧妙なレトリックであり、思考停止を招くマジックワードです。「専門性」という言葉を使いさえすれば、「支援」のすべてを説明し尽くせるのではないかという錯覚に陥ります。「支援」の細部について何もわかっていないのに、分かったような気にさせるとても危険な概念です。

そもそもこの「専門性」は、多用される割にはよくわからない概念です。「専門性」とはなにか、という問いを突き詰めて考え始めると、わたしたちは袋小路に入ってしまいます。「専門性」は、雲をつかむように、とらえどころがないのです。もちろんわたしたちは、たくさんの言葉を使って、「専門性」とはなにかということを「説明」することはできます。しかし、説明すればするほど、そこで説明された「専門性」は、「支援」の輪郭を曖昧なものにしてしまいます。このようにみてくると、「支援」の実像に接近するうえで、「専門性」という概念は、もはや邪魔なようにも思えてきます。

もちろん、この「専門性」概念は、まったく無用というわけではありません。たとえば、社会福祉士、精神保健福祉士の国家資格を持つソーシャルワーカーは、一定の「専門性」を有していることが社会的に保証されます。こうしたソーシャルワーカーが営む「支援」は、少なくとも専門職として最低限の「質」が担保されることになります。そのため、たとえば、「守秘義務を軽視する」、「見当違いなアドバイスをする」というような「悪い支援」は行われず、ある程度の「良い支援」が行われることが期待されます。「支援者」の名札や名刺に、社会福祉士、精神保健福祉士という資格名が記載されていることは信用に繋がります。職種によっては、そもそも国家資格を有していないと仕事として「支援」を行うこともできない場合もあります。このような意味における「専門性」は、社会的に「支援」を展開していくうえでなくてはならない重要概念です。

ところが、わたしたちが「支援」という行為のリアリティを明らかにしようとしたとき、「専門性」は役に立つどころか、むしろ障壁として立ちはだかります。「専門性」という説得力を待つ言葉に隠れて、有耶無耶になってしまうものがあるといえるでしょう。それは、支援者の「個別性」です。

「支援者」は、金太郎飴のように「みな同じ」ではありません。同じ「支援者」といっても、ひとりひとりは異なる個人です。自分とまったく同一の「支援者」は一人として存在しません。日本語の表現としても、十人十色、百人百様、千差万別と言われるように、わたしたち「支援者」も多様です。誰かが「支援」を提供し、別の誰かその「支援」の提供を受けるというミクロな生々しい支援の実像に接近する際、このような「個別性」は、「支援」に強い影響を与える要素といえるでしょう。

個としての支援者

支援者は、クライエントを理解する際、クライエントがそれぞれ個性的でユニークな存在であることを捨象してはいけない、ということを知っています。周知のとおり、F．P．バイスティックが列挙した原則のリストにも「個別化」が位置づけられています。当たり前のことですが、支援者は、クライエントを安易にラベリング（決めつけ）したり、カテゴライズ（分類）したりすることを避け、クライエントひとりひとりを個別化して理解することが求められます[4]。

わたしたちは、クライエントの「個別性」を尊重することが「支援」において重要であることは十分に承知しています。ソーシャルワーク養成教育においても、各教員はクライエントの「個別性」について口を酸っぱくして説いていることでしょう。しかし、本稿で注目する支援者自身の「個別性」については、必ずしも十分に触れられてきませんでした。むしろ、忌避の対象だったのではないでしょうか。

福祉現場で日々の支援実践をされているソーシャルワーカーは、クライエントだけでなく、支援者自身も多様であり、その多様な「個別性」がクライエントへの「支援」に少なからず影響を与えることにも気づいているはずです。たとえば、同じクライエントに対して、異なる二人の支援者が別々に「支援」を行った際、結果が同じとなるとは限りません。「個別性」は、「支援」の成否を左右することさえもあるのです。しかし、支援者の「個別性」が支援に影響を与えることは、表立って論じてはいけない秘事とされてきました。

もちろん、これまでのソーシャルワーク領域においても、支援者に「個別性」があることが無視されてきたわけではありません。支援者は、自分自身の特徴、価値観、偏りを知るための作業として、「自己覚知」を行うことが求められています。クライエントに向き合う前に自分のことをきちんと把握しておくことはとても大切なことです。しかし、この自己覚知は、支援者の「個別性」を把握したうえで、それを「統制（コントロール）」することが目的となっていることには注意が必要です。支援者は、個別性があるにもかかわらず、あたかもそれが無かったようように振る舞うことが求められていたといえるでしょう。そこでは、あるがままの自分らしさを出して「支援」することまでは許容されていないのです。

このように、支援者の「個別性」は、確かにあるにも関わらず捨象されてきた背景には、専門職としての支援者は、程度の差こそあれ「均質」であることが求められたといえるでしょう。つまり、支援者ごとに好き勝手に「支援」をしていることになっては、いろいろと都合が悪かったのです。

確かに、同じ専門職なのに期待できる支援内容が不揃いでは困ることがあります。福祉施設・機関における職員採用で、社会福祉士、精神保健福祉士の有資格であることを条件に公募が行われるときは、一定の専門性を身に着けその専門性に裏付けされた一定水準の支援をしてほしい、という思いが込められているでしょう。あるいはソーシャルワーカーの倫理綱領が遵守され、たとえば守秘義務のことがまったくわかっていない人を採用した際に生じるトラブルを事前に回避できる可能性は高まります。

さらには、ソーシャルワーカーの職域拡大を目指す文脈では、社会福祉士、精神保健福祉士に一定の専門性があり支援の質が担保されていることを高い説得力をもって提示する必要があります。なぜ社会福祉士、精神保健福祉士を配置しなければならないか、どのような水準の支援が期待されるかということの根拠（エビデンス）を示しながら説明する必要があるでしょう。

その際、支援者が多様な「支援」をする可能性があるということは、あまり都合の良いことではありません。たとえ本当のことであったとしても、そのような「個別性」など、まるで最初から無かったかのように振る舞う必要があります。「支援」を論じるうえで、支援者の「個別性」というファクターが存在することは、声高に叫んでいけないものとされてきたのです。

このように組織・機関、地域等のメゾ領域、制度・政策等のマクロ領域に場面においては、ソーシャルワーカーによる「支援」の内容が「均質」であることはとても重要です。支援者が「個別性」を活かし、不揃いの支援を展開する状況は避けなければなりません。これまでみてきた「専門性」は、均質な支援が展開できる「集団」として支援者を位置づけるうえでは有効に機能してきました。

しかし、支援者を「集団」としてではなく、「個」として位置づけ、そこにおけるミクロな支援的営みをみていくうえでは、「専門性」概念は重要な部分を見えなくしてしまいます。わたしたちは、フェイス・トゥ・フェイスで、膝を突き合わせて営まれるミクロな支援的営みにおいて、支援者の「個別性」が重要なファクターとして機能することを知っています。それは、「支援」の成否を左右することさえあるのです。

支援者は均一ではなく多様です。これまで支援者にも「個別性」があるという当たり前の事実に触れることは避けられてきました。そこで本稿では、「個としての支援者」という視点から、この当たり前の事実に光をあて、「支援」のリアリティに接近してみたいと思います。

3 「万能」ではない支援者

得手不得手

「個としての支援者」という観点からまず思い浮かぶのは、支援者の得意不得意です。支援者が個別的で多様であるならば、「得意な支援」と「苦手な支援」があるはずです。さほど確認したように、「専門性」は、まさにこの「支援者には得手不得手がある」という当たり前の事実に蓋をしてきた概念なのです。

ここで筆者の得手不得手について、恥を忍んで開示してみたいと思います。わたしはすべての「支援」が得意ということではありません。当たり前のことですが、わたしは万能な支援者ではありません。一方では得意な支援もありますが、他方では苦手な支援もあります。

わたしが得意とする支援は、伴走型支援です[5]。問題解決を急がず、クライエントに寄り添い、伴走者として支援することは、相対的に得意です。この伴走型支援のアドバンテージは、侵襲性（クライエントを傷つけてしまう危険性）が低い点です。もちろん伴走型支援には、問題解決が先延ばしにされてしまう、という課題があることも承知しています。厳しい人からは、問題解決を放棄した支援者として相応しくない態度であるという批判もあるでしょう。しかし、伴走型支援はわたしの性に合っています。「楽しい」というと語弊があるかもしれませんが、伴走型支援をしている限りにおいてはストレスを感じることはありません。率直に言って「好き」なのです。この意味において、伴走型支援は、わたしに向いている「支援スタイル」といってよいでしょう。

しかし、わたしには苦手な支援があります。それは、「伴走型支援」とは対比的に論じられる「問題解決型支援」です。このような支援スタイルは、まったくわたしの性にあっていません。率直に言って「嫌い」です。もちろん、仕事上、問題解決型の支援をしなければいけない場面もあります。しかし、一度も上手くいったことはありません。クライエントとの関係が崩れ、二度と面接の場に来てくれなくなったことは何度もあります。そして、問題解決型の支援をすると私自身に強いストレスがかかります。このような支援を継続するくらいなら、支援者であることを辞めても良いと思うほどです。

ここで事例を参照しながら、わたしの「苦手な支援」をみていきたいと思います[6]。

ある母子がいます。母親Aさんは四一歳、Aさんの娘Bさんは一〇歳（小学五年生）です。Aさんには、Bさん以外にも二人の兄弟がいます。Aさんはパートタイムの仕事をして、三人の子どもの生活を支えています。

このAさんには、夫がいました。しかし、この夫の不貞をきっかけに、今は離婚しています。離婚した夫は、仕事をしていますがもともと収入は多くありません。子どもの養育費を支払う約束をしましたが、振り込みは滞っています。Aさんは、パートタイムの仕事を増やし、生活を安定させたいと考えています。しかし、Aさんは、体調が良くなく、パートタイムの仕事を増やすことは困難な状況です。生活は苦しく、実父の助けや、貯金を切り崩してなんとか生活を維持しています。

わたしはこの母子に、Bさんの登校渋りを契機として関わりました、Bさんは、完全な不登校ではありませんが、五月雨登校の状態にあり、安定的に学校に通うことができていません。また、Bさんにはゲーム依存の傾向があります。連日、深夜三時まで、オンラインゲームをしています。深夜三時まで起きていれば、朝七時に起きて学校に行くことはできません。母親は、パートタイムの仕事の都合でなかなかBさんの生活の面倒をみることができない状況です。

「正しい支援」ができない

たとえば、Aさんとの面接では、以下のように問題解決を急がず、寄り添うこと（伴走型支援）に徹します。「解決」を意識し行動変容を起こす糸口を探そうと試みますが、決して強くプッシュすることはしません。

Aさん：娘（Bさん）はまったく学校に行きたがらなくなってしまいました。去年は、少しは行っていたのですが、五年生になってからはまったくです。

筆　者：Bさんは、学校へ行きたくない理由についてなにか言っていますか。

Aさん：新しい担任の先生が苦手みたいです。宿題をしないで行くと皆の前で叱られるみたいで。

筆　者：Bさんは繊細なお子さんですから、傷ついてしまったかもしれませんね。

Aさん：パートの仕事も忙しくて。娘の宿題の面倒を見ることもできません。夜遅くまで働く必要があるので食事を作ってあげることもできません。

筆　者：パートの時間を減らすこともなかなかできないですしね……。

Aさん：はい。あまり手をかけてあげられないから、娘はオンラインゲームに熱中し、朝方までゲーム三昧です。先日、クリニック（児童精神科）にいったとき、「ゲーム依存」だとはっきり言われてしまって。なんだか親が悪いみたいに聞こえて傷つきました。

筆　者：スクリーンタイム（ゲームの使用時間を制限する機能）を利用してはいかがでしょうか。

Aさん：習い事もさせてあげることができないし、娘の唯一の趣味を制限することは難しいです……。

筆　者：そうですね。Bさんは、いつも本当に楽しそうにゲームのことを話してくれます。ゲームはBさんにとって大切な趣味なのですね。

さて、この母子への支援の「正しい支援」のありかたとはどのようなものでしょうか。おそらく、生活保護にリファー（繋ぐ）することと言えるでしょう。生活保護を受けることで、この母子の生活は安定することになります。Ａさんは、Ｂさんとかかわる時間が増え、宿題の面倒をみたり、一緒に料理をしたりするなどゲーム以外の時間の過ごし方をすることも可能になるでしょう。結果として、Ａさんの生活は整い、Ｂさんは学校に通えるようになるかもしれません。少なくとも、生活保護を受給するために福祉事務所に相談に行くことを提案することは、合理的であり「正しい支援」といえるでしょう。

しかしわたしは、この母子に生活保護をリファーすることができませんでした。さらにいえば、面談のなかでも「生活保護」という言葉を一度も使うことはできませんでした。もちろん、知識としては、この母子に、一時的であっても生活保護を受給し、生活を安定させることはこの母子にとって大きなメリットがあることは知っています。しかし、「生活保護という制度があります。役所（福祉事務所）に相談に行ってはいかがでしょうか」という「助言・指導（アドバイス）」を行うことはできませんでした。

もし、わたしのように問題解決型の支援を苦手としない支援者がいたとしたら、この母子を生活保護に繋ぐことができていたのかもしれません。母子との関係をしっかり築きながらも、タイミングを見極め、言葉を選びながら、「適切に」リファーすることができていたでしょう。しかしわたしは、どうしてもこの母子を生活保護に繋ぐことができなかったのです。

「支援スタイル」の是非

ここで、なぜそのような支援ができなかったのかということの「言い訳」を、あえてしてみたいと思います。その背景には、生活保護にリファーすることによる侵襲性を危惧していたという事情があります。面談において、Aさん自身も「生活保護」ということは言葉にしませんでしたが、そういう制度があることは知っていることは想像できました。不貞をした夫への「意地」もあるでしょう。面接における母親の言葉の節々に、「福祉の制度」（おそらく生活保護）があることは知っているが、「（福祉の）お世話になりたくない」という発言もありました。

事実、これまでAさんは、「生活保護」の申請をしてきませんでした。そのことを知っていた支援者としてのわたしは、どうしても「生活保護」をという言葉を口にすることができませんでした。これまで申請してこなかったこの制度を、改めてここでリファーすることは、必ずしも適切だとは思えなかったのです。Aさんの生活の状況を客観的にみれば、おそらく生活保護を受給する要件を満たしているでしょう。しかし、制度を利用することで失われるもの（ぎりぎりのなかで踏ん張っているAさんの気概など）に過度に配慮してしまったのです。

Aさんとの面談では、以下のようにAさんの仕事への思い、元夫への感情、頑張りを肯定的に評価するやり取りが行われています。

Aさん：生活は決して楽ではありませんが、家族で力を合わせてなんとか頑張っています。もう、これは意地です（笑）。離婚した元夫が約束した養育費はもう当てにしていません。元夫にきちんと生活しているというところを見せつけてやりたい、という思いもあります。

筆　者：はい。Aさんは、お仕事にBさんのお世話、他の兄弟の送り迎えなど、倒れてしまうんではないかと思うほど頑張られています。

Aさん：ほんと倒れてしまうんではないかと思うときもあります。娘の不登校の問題もありますし、上の兄弟も不登校ぎみで家にいると息が詰まってしまうこともあります。だからパートの仕事の時間が大切な息抜きの時間です。休憩時間のお喋りに幸せを感じています。

筆　者：お仕事の時間は、Aさんにとって大切な時間なのですね。

Aさん：パートの仲間と話をする時間は楽しいですよ。何気ない世間話ですけど、いまのわたしには必要な時間です。家族（Bさんや上の兄弟）とだけ向き合っているとなんだか煮詰まってしまいます。喧嘩も増えますし。だからパートの終わりにコーヒー飲んで、「〝母親業〟も頑張るぞ」って気合を入れて、帰宅しているんです（笑）。

筆　者：そうですすか（笑）。

しかし、これは後付けの説明であり、単なる「言い訳」に過ぎません。ソーシャルワーカーとして「良い支援」をしたことにはならないでしょう。「高い専門性」を有した支援者であれば、伴走型支援と問題解決型支援を巧みに使い分けることができるのかもしれません。しかしわたしは、そこまで器用ではありません。得意な伴走型支援をすることに終始し、「良い支援」から逃げたという誹りを免れません。

筆者は、染み付いたこの支援スタイルは簡単には放棄することができません。もし、もう一度、この母子に対して支援する機会があったとしても、筆者にできるのは、おそらく同様の伴走型支援です。たとえ、問題解決が先延ばしにされても伴走型支援を行うことになるでしょう。このような支援者に得手不得手や支援スタイルがあるということは、「専門性」概念では説明しきれない要素といえるでしょう。

4 「能力」以前の要素

支援者の「属性」

さて、これまで、支援者の「個別性」として得意な支援と苦手な支援があるという話をしてきました。多かれ少なかれ、それぞれの支援者には、それぞれの得意な支援と苦手な支援があるでしょう。当たり前のことですが、それぞれの支援者は、金太郎飴のように均質ではありません。「普通の支援者」や「標準的な支援者」など、現実には一人も存在しないのです。

ところで、さきほどみた得意な支援と不得意な支援というのは、支援者の「能力」の問題ということもできます。苦手な支援スタイルを克服するのは、容易ではありませんが、「相当頑張れば」克服できる可能性もないわけではありません。自身の伴走型支援への拘りを相対化し、より適切に問題解決型支援を行うノウハウを身につけることができるのかもしれません。伴走型支援も、問題解決支援も、どちらもこなす「万能な支援者」になる必要があるのかもしれません。このような「能力」の問題は、個人の意味でわたしは専門性の低い未熟な支援者といえます。このような「能力」の問題は、個人の努力によって改善される余地が残されているといえるでしょう。

しかし他方、努力ではどうにもならない問題があります。それは支援者の「属性」です。ここでいう「属性」は、具体的には、年齢、性別、居住地、家族構成などが代表的なものといえます。とくに年齢と性別という属性は、どんなに努力しても変更することは困難です。

たとえば、わたしは、「中年の男性」です。この「中年の男性」という属性は、社会的な印象があまりよくありません。もちろんわたしは、「中年の男性」の当事者であることは、重々承知しています。しかし、その否定的な評価を受け入れることは容易なことではありません。開き直って、「中年の男性」であることを受け入れ、その否定的な評価を甘受することができれば、それはそれで楽しくて良いでしょう。しかし、わたしは「中年の男性」がとても嫌いです。自分がどんどん「中年の男性」になっていくことが絶えられないのです。

わたしたち人間は、加齢とともに太りやすい体質になります。わたしは太ることがとても嫌なので、炭水化物を抜くダイエットを実践しています。しかしそれでも体重増加はとまりません。顔にはシミができ、頭には白いものが混じり、髪もパサつきます。シミを薄くするクリームをつけたり、黒髪サプリメントを飲んだり、高級トリートメントをしたとしても、それには限界があります。必死に「中年の男性」になることに抗おうとしています。しかし、もはや抗いきれなくなっています。

このように、わたしたちの属性は、努力では容易に変更できません。この変更困難な属性という支援者のファクターは、現実の課題とし支援に大きな影響を与えることもあります。

寄り添えない話題

たとえば、筆者の属性「中年の男性」とは対極的な位置関係にあるCさん（小学四年の女子児童）への支援をしていたときです。筆者は、頑張ってCさんとの関係を築こうとしました。度重なる面談を通じて、一定の支援関係を築くことはできたと思っていました。しかし、Cさんから「女子児童特有のスクールカースト問題」の相談を受けた際、「中年の男性」であるわたしにはどうすることもできませんでした。
たとえば面接では、次のようなやりとりをしています。

Cさん：スクールカースト（学校における児童生徒間の序列）に悩んでいます。
筆　者：ほんとうですか。小学校にもスクールカーストがあるんですね。小学校ではまだそういうのはできないと思っていました。
Cさん：はい。たしかに一年、二年の頃はありません。でも、三年の頃からカーストができ始めます。四年になるとすごく大きくなります。
筆　者：なるほど、最近はそうなのですね……。
Cさん：男子は子どもっぽいので、四年生になってもみんなでワイワイ仲良くやってます。でも、女子はそういうわけにはいきません。
筆　者：そうなのですね……。女子は大変ですね。
Cさん：はい。とても大変です。

ここでは、クライエントであるCさんの話を受容的に傾聴しようと努めています。しかし、あまりしっくりしたやりとりにはなっていません。「中年の男性」である筆者は、『女子児童特有のスクールカースト」のリアリティを十分に理解できていないのです。

もちろん、女性の人間関係は若年の頃から複雑であり、スクールカーストが形成されることを「知識」としては知っています。そしてそのことは、彼女たちの学校生活に大きく影響を及ぼし、その序列が息苦しさを生み、いじめ問題に繋がることも理解しているつもりです。しかし、筆者は、最近の小学生女子のスクールカーストのリアリティを十分に理解していません。「なるほど、最近はそうなのですね……」と感心を示し、「女子は大変ですね」と他人事のような返答をするのが精一杯です。

さて、このCさんの話は、スクールカーストのより深い部分にまで展開します。スクールカーストが小学生女子特有のオシャレ事情にもとづくという話題です。

筆　者：なるほど。ところで、Cさんは性格も明るいし、勉強もスポーツもできるし、スクールカーストの「一軍」になるのですか?
Cさん：はっ、なに言っているんですか。そんなわけないじゃないですか（呆れ顔）。わたしは見てのとおりの「二軍」です。
筆　者：えっ、どのカーストに所属するかは目で見てわかるものなのですか?
Cさん：はい。見た目がとても大切です。わたしの服は、お婆ちゃんが買ってくれたF（祖父母等が孫娘にプレゼントする定番のブランド、上品なデザイン）だし、色つきリップも親につけちゃだめって言われます。「一軍」は、オシャレじゃなきゃだめなのに……。

筆　者：Fはわたしも知っています。有名なブランドじゃないですか。とても似合っているし、素敵だと思います。色付きリップとかしないほうが、小学生らしくていいと思います。

Cさん：「小学生らしい」とか関係ありません（怒り気味）。「一軍」になるには、色付きリップして、R（一番人気のガールズブランド、フェミニンで大人っぽいデザイン）を着なきゃだめなんです。他にもL（かわいい系）とか、P（ギャル系）でもいいけど、わたしはやっぱりRがいいんです。

筆　者：なんですか。その呪文のような名前のブランドは。そんなのがあるんですね……。

Cさん：そんなことも知らないんですか。「三大ガールズブランド」ですよ。NとかKとか（小学生女子向けのファッション雑誌）のモデルの子はみんな着ています。

筆　者：初めて聞きました……。ちょっと調べてみますね（手元のスマホでネット検索しデザインを確認する。それが肩を出した大胆なデザインであることを知る）。なるほど、今はこういうのが流行っているんですね（眉をひそめながら）。

Cさん：わたしはまだRを一着しか持っていません。学校は週五日あるので、日替わりで全身揃えるのは大変なんです。

筆　者：たしかに、毎日同じ服を着るわけにもいかないですしね。

Cさん：親にお願いしても「大人っぽすぎる」とか、「一着あれば十分」とか言われてしまい、なかなか買ってくれません。毎日、Rを着ないと一軍にはあがれないのに……。

筆　者：いま着ているFも素敵だし、まあ、いいじゃないですか（安易な気休め）。

Cさん：そういうことではないんですよ（呆れ顔）。

こうしたおしゃれ事情について筆者はまったく理解することはできていません。Cさんの話を否定せずに傾聴しつつも、最後には「まあ、いいじゃないですか」というあまりにも安易な気休めを言ってしまい、Cさんに呆れられてしまいます。「中年の男性」である筆者は、小学生女子のオシャレ事情をまったく理解することができていません。このような変更困難な属性が、「支援」に与える影響は無視できないでしょう。

支援者の「属性」の問題は、出身地（田舎育ちの筆者は都会育ちのひとに十分寄り添えない）、家族構成（妻子がいる筆者は、独身者に十分寄り添えない）などもあります。こうした「専門性」以前の要素である「属性」は、もしかしたら「支援」において「専門性」以上に大きな影響をあたえる要素といえるのかもしれません。

5　経験をいかす

多様な経験

さて、これまで「支援」には、得手不得手があるということ、そして、支援者自身の変更し難い属性という問題があるということを確認しました。これらは「専門性」以前の支援にあたえる要素ではありますが、「支援」の「成果」（アウトカム）、すなわち支援がどの程度成功し、どの程度失敗するかに影響を与えそうです。「成果」というほど決定的なものでなくとも、すくなくとも支援の内容、過程（プロセス）には大きな影響をあたえるものといえるでしょう。

ここでみてきた「属性」をさらに細かくみていきたいと思います。「属性」というと類型化され分類された種別であることを指しますが、「同じ属性」であっても、人間は多様です。「同じ中年の男性」であっても細かな属性は異なります。そしてさらにいえば、各個人がどのような「経験」を経て現在に至っているかは、大きく異なります。そうした「経験」の有無や濃淡は、支援に有効に作用することもあるし、手枷足枷となることもあるでしょう。

このような「同じ属性」の多様性を考慮すれば、さきほどのように「属性」の影響で支援が上手くできないことを説明するのは、すこし乱暴だったかもしれません。さきほどのCさんを例とすれば、もし、Cさんと同年代のオシャレ好きの娘がいるなどして、小学生女子特有のスクールカーストの事情やガールズブランドに精通している「中年の男性」がいたとすれば、寄り添った適切な支援ができていたかもしれません。

ここでは「経験」が「支援」にどのような影響を与えるかを見ていきたいと思います。まずみていきたいのは、「不登校支援」です。「不登校」は、学校現場において大きな問題です。周知のとおり、不登校の児童・生徒の数は綺麗に右肩あがりで増加し、毎年のように過去最高を更新しています[7]。少子化が問題として強調されて久しいわけですが、統計上もその数が増加の一途を辿っているということは、大きな問題です。

不登校の定義は、「年間三〇日以上欠席」する児童・生徒とされています。そのため、統計上、一〇日や二〇日程度欠席する児童・生徒は、「不登校」ではありません。登校渋り（学校への行き渋り）が強く、頻繁に遅刻や早退する場合も、「不登校」ではありません。そして、登校できても教室に入ることができず、保健室や相談室などで時間を過ごす場合（別室登校、隠れ不登校）も、「不登校」にはカウントされません。このように、統計上の数値にはでてきませんが、不登校傾向にある児童生徒の数は、想像以上に多いでしょう。

経験ゆえの寄り添い

ここで、支援者の「経験」が、支援にどのように影響しているかということを具体的にみていきたいと思います。別室登校をしているDさん（小学六年生の男児）の事例です。

Dさんは、もともと登校渋りが強く、遅刻、早退しがちな児童で不登校傾向にありました。五年生の頃は、教室で授業を受けることもできていたのですが、六年生の五月、ゴールデンウィーク開けからほとんど教室には入ることが出来なくなってしまいました。不登校の背景には、「いじめ」などの直接的な原因があるわけではありません。担任の話によれば、学力はあまり高くないということです。診断を受けているわけではありませんが、おそらく発達的な特性があるように見受けられました。Dさんは発話が少なく、会話の応答速度が遅いという特徴があります。そのためか、クラスメイトとの休み時間の会話が苦手と言っています。このようなDさんに対してどのような「支援」が可能でしょうか。

実は筆者も、不登校にはならなかったものの、学校には行きたくないと感じる日が何度もありました。とくに明確な理由があったわけではありませんが、なんとなく学校に通うことを苦痛に感じていた記憶が残っています。当時は「不登校」という概念が無かったため、学校を意図的に休むことは「登校拒否」とよばれ重大な「問題行動」とみなされていた時代です。どうしても学校に行きたくないときは、「風邪をひく」ことにより病欠するしかありませんでした。

Dさんとの面接では、このような筆者のリアルな小学校時代の経験を踏まえつつ、Dさんの学校への苦手意識に寄り添いつつ会話を展開していきます。

（オセロをしながら）

Dさん：なんか学校に行くのが嫌なんだよね。教室に行くなんて、ぜったい無理。ぎりぎり頑張って、ここ（別室登校をしている相談室）に来るのが精一杯。

筆　者：そうですね。十分頑張っている。

Dさん：「学校なんて無くなってしまえばいいのに」っていつも思う。

筆　者：たしかに（笑）でも、学校が無くなったら暇になるけど、なにをして過ごすのですか？

Dさん：まったく大丈夫（笑）。家で、ずっとN（動画配信サービス）のアニメを観ていたい。

筆　者：たしかに。学校はそこまで楽しい場所じゃないよね。ぼくもテレビが好きだったから少しわかる。一日中、録画しておいた番組を観ていたい、って思っていたし。

Dさん：へえ、そうなんだ。

筆　者：アニメって、どういうのを観ているの？

Dさん：◯◯とか、△△とか。◯◯は特にお勧め。ストーリーもいいし、とくにZってキャラクターが好き。

筆　者：あっ、そのZってキャラクター、知ってる。なんか弱くて情けないキャラでしょ。
Dさん：そう、いつも逃げてばっかり。でもいざとなると強くてカッコいい。
筆　者：そうそう。「覚醒」するシーンとかとくにいいよね。いつも逃げてばっかりだから、余計にカッコよく感じる。もしかして、DさんはこのZに憧れているとか、そういうのある？
Dさん：憧れるけど、ぼくはいざとなっても強くなれない……。
筆　者：まあ、あれはアニメの世界の話だしね。実際はなかなか難しいけど、でも憧れるよね。
Dさん：うん、Zはほんとカッコいい！

このように、「学校なんて無くなってしまえばいい」と語るDさんに対して、筆者は受容的に傾聴します。そして「ずっとアニメを観ていたい」というDさんに、筆者も学校があまり好きではなく、テレビ好きであったという小学校時代の思い出を開示することを糸口に会話を続けていきます。そして、Dさんが好きなアニメについては、筆者にも小学生の息子がいるため詳しく知っています。そのため、そのキャラクターのストレングス（いざとなれば強くなる）に言及しながら、Dさんの可能性を展望するという流れの会話をしています。

もし筆者が、学校が大好きで、運動会などの学校行事に積極的に参加する小学校時代を過ごしていたらこのような会話の続け方は難しかったかもしれません。もしかしたら、支援の場であるにもかかわらず、「学校は大切な学びの場です。無くなってしまえ、などということは決して口にしてはいけません」というような教育的発言をしていたかもしれません。また、筆者がアニメを毛嫌いするタイプで、このアニメのことを知らなかったら、このようにアニメキャラクターを糸口に会話を広げることもできなかったでしょう。このような会話のポジティヴな成果を客観的に評価することは難しいかもしれませんが、少なくともDさんを傷つけることなく侵襲性の低い会話と続けることができたといえるように思います。

さて、このように支援者の「経験」が支援に影響を与えるということはいえそうです。ここで筆者が有している経験（学校が苦手、そのアニメを知っている）は、Dさんが置かれている状況と親和的なものがあったといえるでしょう。たしかに筆者は、Dさんにとって年齢が大きく離れた大人であり、異質な他者です。しかし筆者の経験は、Dさんとピア（仲間）な関係になることができたといえるでしょう。この支援者が有する「経験」は、「支援」において活用することのできる「リソース（資源）」[8]の一つということができるでしょう。

経験の自己開示

さて、さきほど確認したやり取りは、筆者の経験を消極的に使ったものです。そこでは経験を緩やかに開示はするものの、積極的な開示までは行っていません。「支援」におけるリソース（資源）として、より積極的に経験を活用することも可能でしょう。

たとえば次のように「学校をサボる経験」をダイレクトに開示する場面です。

（朝礼のある日、泣き腫らした状態で登校。その後、少し落ち着いてからの相談室での会話）

Dさん：もうほんとうに学校来たくなかった。今日は泣いて抵抗したんだけど、親に連れて来られた。早く家に帰りたい。

筆　者：うん。ぼくも小学校の頃、学校苦手だったから行きたくないという気持ちはよくわかる。チャイムが鳴って行動するのとか、席順が決められていることとか、全校朝礼できちんと整列して話を聞くのとか。今思い出しても、いろいろが勝手に決められてことが嫌だった。

Dさん：ほんとそう。朝礼のある日はほんとうに学校に行きたくなくなる。

筆　者：そうか、今日は朝礼がある日だしね。ぼくは、朝礼はそこまで嫌じゃなかったんだけど、一番嫌だったのは、体育の授業。とくに年に一回あるマラソン大会は最悪。

Dさん：そうなんだ。ぼくも体育はあまり好きじゃない。

筆　者：どうしても学校に行きたくない日は、「風邪をひく」ことにしていたよ。

Dさん：えっ、でもそんなに簡単に風邪ひけないよ。

筆　者：それが、結構簡単にひけるんだ。たとえば、寝る前に水道の水をお腹にかけてビショビショのまま寝るでしょ。そうするとほぼ確実に風邪ひける。

Dさん：えっ!?（驚いた表情）

筆　者：それでも風邪引けない場合は、体温計を布で擦ったり、お湯に浸けたりすると熱がでる。

Dさん：そんなことしていいの？

筆　者：もちろん良いことではないけど、どうしても休みたいときは、やったよ。体温計は、ぬるま湯に浸けるのがポイント。熱湯に浸けると壊れちゃうから（笑）。

Dさん：すごい（笑）。

筆者：演技力も必要。「お母さん、今朝はなんだか熱っぽいんだ……。いまから熱を測ってくるね……」って。ほんとうは元気なのに、弱々しく言う必要があるからけっこう難しい（笑）。

Dさん：なにそれウケる（笑）。

筆　者：まあ、何回もこれやってると、そのうち親にもバレるんだけどね（笑）。

Dさん：バレないようにもっと上手くやらなきゃ（笑）。

ここでは、「経験」をかなり大胆に開示しています。いわゆるクライエントの語りを傾聴するというスタイルの面接ではありません。支援者である筆者のほうが、Dさんより分厚く語り、それに対してDさんが反応するというやりとりです。自己開示している内容は、Dさんの状態に合わせて話を捏造したわけではありません。ほんとうに筆者の経験にもとづいたリアルな内容です。

このような経験の開示は、いくらリアルな内容であったとしても、危険性が高いといえるでしょう。倫理的にいえば、無理やり風邪をひき、発熱を装い、母親を騙して学校を休む、という行為は必ずしも褒められたものではありません。教育的な観点からいえば、Dさんがマネをしてしまうリスクもあります。ましてや面接場所は、学校内の相談室です。そこで『非』教育的な発言をすることは問題があったかもしれません。内心、筆者自身も、「こんなことを語ってほんとうに大丈夫かな。あとで問題になるかもしれないな」とヒヤヒヤしていました。これはギリギリの自己開示です。

しかし、このようなやり取りは、一定の意味があるように思っています。目の前に座っているDさんは、泣き腫らしていてかなり深刻な状況であることが推測できました。これまで何度もDさんとの面接は繰り返してきたわけですが、この日は、特別な状況にあるように思えました。普段の面接では、このような危険性の高いギリギリの自己開示をすることはありません。ですが、このときのDさんを目の前にしたとき、こうしたラディカルな自己開示をせざるを得なかったのです。

このようなことは戦略的かつ技術的に行ったわけではありません。クライエントであるDさんの経験と支援者である筆者の経験に親和性があったことが背景にあるでしょう。表現を変えれば、この瞬間に筆者は、「専門性の鎧」を脱ぎ、Dさんの「ピア（仲間）」になったのです。この意味において筆者が行った営みは、もはや「支援」ではないのかもしれません。そこには専門的な知識や技術は存在しません。つまり、「専門性」からはほど遠い「支援」といえます。しかし、結果的にですが、最後にDさんの笑顔を取り戻すことはできたように思います。

ところで逆に、筆者がもし、学校が大好きで、毎日楽しく学校に通い、皆勤賞をとるような小学生時代を過ごしていたら、このような支援のあり方はできなかったわけです。もしそうだったとすれば、次のようなやり取りをしてしまったかもしれません。

筆　者：Dさんは、なぜ学校に来ないのですか。その理由を教えてください。

Dさん：自分でもよくわかりません……。なんとなく苦手なんです……。

筆　者：学校は、社会の縮図です。将来立派な社会人となり自立するためには、学校に通うことはとても大切だと思います。

Dさん：はい……。

筆　者：どうすれば学校に通うことができるようになるか、どうすれば苦手を克服できるか、これから一緒に考えましょう。

Dさん：（沈黙）

このようなやり取りは、Dさんを傷つけてしまうことになるでしょう。侵襲性の高いやり取りといえます。Dさんは、筆者と二度と会ってくれなくなってしまうことが想像されます。結果、Dさんは、不登校どころか、家から一歩も外に出られなくなってしまうかもしれません。「支援」と称して状況を悪化させてしまう危険があります。

このような「支援」を行わないためにも機能したのが筆者の学校が苦手という小学校時代の「経験」です。「学校が苦手」という、必ずしも一般的にはポジティヴではない経験は、「弱さ」と呼ぶことができます。このような支援者の「弱さ」は、同様の「弱さ」をかかえたクライエントへの「支援」の「リソース」として有効に機能する可能性があるのではないでしょうか。

さきほどのDさんへの支援でみたように、「学校が苦手だった」という経験は、「不登校」に対する許容度を上げます。筆者は、「学校の必要性までは否定しないが、どうしても苦手なら通えなくてもよい」と本心で思っています。このような経験から裏打ちされた価値観には、嘘やごまかしがありません。その経験は、「不登校支援」においてリソース（資源）として活用することができるように思います。

しかし逆に言えば、筆者は小学校時代に、「毎日楽しく学校に通う」という経験をしていません。このような経験が「無い」ということも、支援に影響を与えるでしょう。毎日元気に学校に通うひとのことを、十分に理解することができません。そうしたひとがクライエントになった場合、おそらく寄り添った支援を届けることはできないでしょう。もしかしたら、毎日楽しく学校に通っている児童生徒に対し、「学校って息苦しいよね」などと語りかけてしまい、クライエントを困惑させてしまう危険もあるでしょう。

6　結びにかえて――専門性の鎧を脱ぐ

本稿では、「専門性」の手前で立ち止まり、「支援」という営みそれ自体にフォーカスしました。そこで注目されたのは、「個」としての支援者の姿です。「個」としてみたとき、支援者は多様です。当たり前のことですが、支援者は、金太郎飴のように「みな同じ」ではありません。「個」として支援者をみたとき、教科書的には説明し尽くすことのできない、具体的でリアルな「支援」の姿に接近することが可能です。

これまでみてきたように、支援者には得意な支援もあれば、苦手な支援もあります。筆者でいえば、伴走型支援は得意ですが、問題解決型支援は苦手です。得意な支援については存分に行えたとしても、苦手な支援を行うことには二の足を踏んでしまいます。これは支援者の能力の問題ということもできるでしょう。理想的な支援者のあるべき姿として、得意な支援の能力はさらに伸ばし、苦手は支援については克服される必要があります。苦手な支援があるということは支援者の努力不足であるという誹りを免れません。

しかし、支援者には努力では克服できない要素があります。それは属性です。人間にとって最も重要な意味をもつ属性は、年齢と性別です。たとえば筆者でいえば「中年の男性」という属性は、個人の努力ではどうすることもできません。さらにいえば、この属性自体はどうこうすべきものではないのかもしれません。この属性という変更不可能なファクターは、クライエントに一定の影響を与えます。そして、この属性が支援の成否を左右することあるでしょう。

そしてさらにいえば、同じ属性の支援者であっても、その支援者が歩んできた人生経験は、支援に大きく影響を与えることもできます。学校が苦手だった筆者の経験は、学校に苦手意識を感じている児童生徒に無理やり登校刺激を行い傷つけることを阻止します。さらにはその経験を支援の資源（リソース）として活用し、自己開示するなどの積極的に活用することも可能です。もちろんこうした経験は、逆の経験をしたクライエントの心情に十分寄り添うことを難しくする危険もあるでしょう。

すでにみてきたようにリッチモンド以来の「ソーシャルワーク」の歴史は、「専門性」をいかに確立するかということに腐心してきたといえます。しかし、リッチモンドから百年経った今日、「支援」を「専門性」のみで説明するには限界があります。わたしたちが令和の時代において「ソーシャルワーク」のミライを展望し、希望を見出していくためには、「専門性」を一旦脇に置き、「個」としてクライエントに向き合うことといえるのではないでしょうか。支援者が身に纏った「専門性の鎧」を脱ぎ、「個」としてクライエントと向き合うなかにミライを眼差した「支援」の姿があるように思うのです。

ここで重要になるのは、「専門性の鎧」の「脱ぎ方」です。現代社会において、「支援者」を「支援者」たらしめている重要な要素である「専門性」を手放すことはそう簡単ではありません。せっかく身につけた「専門性」を捨て去り、ノーガードでクライエントと向き合うことは誰でもできることではありません。そこでは、これまでとはまったく異なる「新しい専門性」が必要になるでしょう[9]。

本稿ではこのことを十分に論じることはできませんが、こうした「新しい専門性」がいったいどのようなものになるかを明らかにしていく先にこそ、ソーシャルワークの豊かなミライが拓けるように思うのです。

Key Word

支援者の個別性・苦手な支援・変えられない属性
リソースとしての経験・専門性の鎧を脱ぐ

［注］

1 「ソーシャルワーク」は「近代」の成立とともに誕生しました。「ソーシャルワーク」には「近代的なもの」が抜き難く含まれており、発展するプロセスで、科学化、専門化が強力に推し進められてきたといえるでしょう。そうした近代的な「ソーシャルワーク」の限界を克服する文脈において「ポストモダン」の潮流が登場するわけですが、日本のソーシャルワーク領域では紹介すらされていないという問題があります（荒井 2022）。

荒井浩道（2022）「ソーシャルワークの沿革――ポストモダンソーシャルワークの潮流」木村容子・小原眞知子編『ソーシャルワーク論Ⅰ――基盤と専門職』法律文化社：101-113.

2 荒井浩道（2015）「ソーシャルワーカーに『専門性』は必要か？――ビギナーズ・ラックとピア・サポートを手がかりに」木下大生・後藤広史・本多勇・木村淳也・長沼葉月・荒井浩道著『ソーシャルワーカーのジリツ――自立・自律・而立したワーカーを目指すソーシャルワーク実践』生活書院：120-156.

3　荒井浩道（2017）「〝教えない〟ソーシャルワーク教育――〝余白〟が担保する主体的・対話的な学び」後藤広史・木村淳也・荒井浩道・長沼葉月・本多勇・木下大生著『ソーシャルワーカーのソダチ――ソーシャルワーク教育・実践の未来のために』生活書院：73-102.

4　Biestek,F.P.（1957）*The Casework Relationship*.Loyola University Press.（=2006、尾崎新・福田俊子・原田和幸訳『ケースワークの原則・新訳改訂版――援助関係を形成する技術』誠信書房）

5　筆者が依拠するソーシャルワークのアプローチは「ナラティヴ・アプローチ」です。一口に「ナラティヴ・アプローチ」といってはいくつかの流派が存在します。そのなかでも伴走型支援を展開していくうえでは、「専門性」を脇に置き「無知の姿勢（not-knowing）」をとるアンダーソンとグーリシャンが提唱した「コラボレイティヴ」とよばれるアプローチが有効であると考えています。このアプローチは、あたかも「支援する」ことを放棄しながらも「支援的」にかかわり続ける「支援しない支援」とでも呼ぶべき支援スタイルです（荒井 2014）。
荒井浩道（2014）『ナラティヴ・ソーシャルワーク――〝〈支援〉しない支援〟の方法』新泉社

6　本稿で扱う事例は、すべて実際の事例ではなく仮想事例です。内容としては架空の事例ではありますが、実際の支援実践から学んだリアリティが付与されています。

7　文部科学省初等中等教育局児童生徒課（2023）「令和四年度児童生徒の問題行動・不登校等生徒指導上の諸課題に関する調査結果」

8　ソーシャルワークの文脈において資源（リソース）を説明する際、制度、施設・機関などのフォーマルなものと家族・友人などのインフォーマルなものがあるという二分法を採用されることが一般的です。しかしここでは、面接場面等のミクロな言語的営みに注目した際に活用できる資源（リソース）として「経験」を位置づけています。この点を論じるうえでは、「経験」を支え合いの資源として明確に位置づけるピアサポートから学ぶことは多いでしょう（相川・ピア文化を広める研究会 2021）。

相川章子・ピア文化を広める研究会（2021）『ピアサポート講座テキスト――ピアサポートを文化に！』地域精神保健福祉機構

9 ノーガードでクライエントに向き合う際に重要になってくるのは、「セルフケア」です。ソーシャルワークの倫理原則に「セルフケア」が新しく盛り込まれたことは注目に値します（IFSW & ISASSW 2018）。

IFSW & IASSW（2018）Global Social Work Statement of Ethical Principles.（https://www.ifsw.org/global-social-work-statement-of-ethical-principles/）

CHAPTER 3

力のない私たちでも／だからこそできる「その場しのぎ」

長沼葉月

今回の執筆はとても難産でした。子どもが生まれてしばらく実践から離れただけではなく研究も教育も十分にできない状況が続きました。自分自身の課題である感情の波や注意力の問題が、今度は子育てにもいろいろな意味で影響し、ソーシャルワーカーであるより前に「困っている人」としての自分に向き合う日々も多くなりました。そのため、「ソーシャルワーカー」像を考えても、教育者として学生を育てようとしている理想なのか、利用者として出会う相手に向ける理想なのかも混乱するような状況でした。そうした自分自身の慌ただしくごちゃごちゃした毎日の中で、繰り返し繰り返し浮かび上がってくる思いを中心にまとめたのが本原稿です。

1　社会福祉士養成カリキュラムに翻弄される私

令和元年度に社会福祉士の養成カリキュラムが改正されました。この数年は新カリキュラムへの対応に大わらわでした。国が定めた「教育内容」を参照しながら授業内容を再考し、新たな実習時期に合わせた新たな実習先を開拓し、それに合わせて実習先との交渉のタイミングも内容も変わりました。また実習計画書や実習評価票も、ソーシャルワーク教育学校連盟のモデルにあわせて大改訂しましたが、その運用にも悩みました。

こうした対応は「国の方針に従う」という点では誠実なことです。とはいえ、作業を進めるにつれて、色々なもどかしさが沸き上がってきました。例えば実習計画書の策定です。学ばなければならないと定められた項目がいくつもあり、それに合わせて何を学ぶのかじっくり考えよう、という事前指導は、私の所属する大学の学生にとっては便利な手掛かりでした。それぞれの枠組みにあわせた「模範解答」を考えることは比較的得意な学生が多いのです。これまでは実習の「狙い」を提示して、それを手掛かりに特に学びたいことを考えてもらっていました。それと比べて、各項目についてすべて「何を学ぶべきか」と考えることで、より実習について現実味を帯びて想像するようになったように思います。一方で、私自身には何とも言えないむずかしさ、もどかしさを感じる機会が増えました。学生の作成した実習計画書は、模範回答集のように読めて、その学生らしさを感じる部分がほとんどなくなっていったのです。作成指導を行う中で、垣間見える「個」としての姿も見えづらくなりました。そして、実習先からも「こんな風に細分化してソーシャルワークを教えているわけではないから、やりづらい、評価もしづらい」という声も増えました。特にクライエントにあわせて丁寧な対応をしている機関から、そういった声が届きます。

実際に実習が始まると、実習指導者さんから「今年の学生さんは、何と言ったら良いか……偉そうではないんですけど、何か上から目線な感じがありますね」と言われることが出てきました。発言や実習日誌が妙に分析的で、自分の言葉でどう受け止めたかよりも解釈が増えたり、「社会的弱者」等と何の迷いもなく発言したりする、というのです。援助職によるアセスメントはラベリングとしても機能しうるから、留意してほしいと授業では度々伝えていたつもりでしたが、大いに反省させられました。私自身が、新カリキュラムを卒なく実施することを優先して、学生一人一人の理解を確認する作業を怠ったのではないでしょうか。私自身が「トップダウンでクライエントにメニューを押し付けるのではなく、クライエントを中心に支援を形成していくのだ」と理念を伝えたところで、「トップダウンで学生にソーシャルワークスキルを押し付ける」という態度で教えていたのではないでしょうか。

こういう制度と個々のケースとの狭間でのあがきは、現場にいればなお度々直面させられるものだと思います。制度は、モデル事業に基づいて支援の一連の流れまで設定されていますから、それに沿った支援を提供するのはある意味簡単です。しかし、モデルを形づくるに至る、数々の検討と試行錯誤の議論の積み重ねを抜きにして、成果としてのモデル、マニュアル、ガイドラインだけを、お仕着せの服のように取り入れてみても、うまくいくとは限りません。人は一人一人違いますから、支援者が考えるマニュアル通りの対応に乗ってくれるわけではないのです。その狭間を埋めることをこそ、自分の研究の主対象ともしている私としては、非常に歯がゆく、力不足を痛感しています。こうした制度と個別ケースとのミスマッチを考えるたびに、私は対人援助職になろうと思ったきっかけ、原点に振り返ります。少し長い昔語りですが、お付き合いください。

2 「助けてください」という手を、振り払った人、掴んでくれた人

そもそも、私が対人援助職になろうと思ったのは、自分自身の当事者としての経験がきっかけでした。きょうだいの学校不適応、親達の大きな病気、マルチ商法やカルト宗教、その後の両親の離婚に伴う貧困化と親のメンタルヘルス不調、それに続くきょうだいの家庭内暴力、など名前を付ければ色々名づけが可能な課題がある家庭の中で、「唯一健康な」子どもとして私は育ってきました。いま振り返れば決して何の問題もない子どもではなかったのですが、相対的に目立たない状況でした。私には、健康で学校を休まないこと、家事や育児を手伝うこと、そして高校生の頃は良い成績を上げ、いずれ家族を養うことができるような良い大学に進学できるようにすることがずっと求められていました。小さい頃は外に助けを求める方法など知りませんでした。しかし大学生の時代に直面した暴力問題はさすがに「自分が頑張る」だけではどうしようもない、

と実感させられ、あちこちの相談窓口を訪れるようになりました。

ワンストップサービスという言葉もなかった時代のことですから、「お役所仕事」な対応も目立ちました。大学生の私が家計を支えるアルバイトをしていて、メンタル不調な親やきょうだいの家事まで支えることはできないので障害者ヘルパーをお願いできませんか、と尋ねても「ご本人の家事しかできません」と。それだと結局不調な親か私が残る家事をすることになるので、助かりません、と言ったら「家族の家事は私費で」と。年少きょうだいの養育費と私のアルバイトだけでは生計が厳しいというと、大学生の私が世帯分離して生活保護を受けるのはどうか、と。一家の中で一番動けるのが私なので、世帯分離というのがピンとこないと話すと、「そんなにイヤだイヤだばかり言われても何もできることはありませんよ」と怒り口調でトドメを刺されました。このセリフを言われた時のショックは忘れられません。困っているのに、相手の提案をすぐに受け入れなかったら、非難がましく叱責された。それは、助けてくださいと伸ばした手を振り払われたような痛烈な感覚でした。何のために時間を割いてそこまで行ったのか、外出するだけできょうだいが暴れるリスクがあるのに何とか調整してきたのに、こんな対応をされるのか、とむなしくなりました。

そういう相談窓口も複数あり、当時は何度も、暴走車が私にぶつかってくれないかな、線路の際に立っていてめまいが起こったら全て終わるのかな、と思うような毎日でした。それでも生き延びてこられたのは、一人の保健師さんの対応に救われたからです。保健所の家族相談の日に、すがるような気持ちで行きました。障害のあるきょうだいの家庭内暴力、きょうだいへの支援の必要性と経済的な不安と、親のメンタルヘルスの問題と。ごちゃごちゃした頭のまま、自分の苦境を思いつくまま洗いざらいぶちまけました。そして、いざとなったら私も逃げたい、できれば母子できょうだいから数日でも良いから逃げたい、もう知人の家に逃げ込むには限界があるから。でも、きょうだいも助けてほしい、と訴えました。そんな相談に対して彼女は即時に答えを出すことはできませんでした。緊急で逃げ出せるシェルターなどは基本的には配偶者間暴力の被害者を主対象としており、かつ女性一人が逃げることを前提としているところが多かったため、暴れる子どもから家族連れで逃げる、という状況に対応できる場所が基本的にはないんです、と言われました。でも何とか手立てを考えるので、次回来てください、と言われました。そして次回には「本当は夫のDVからの保護のためのシェルターですけど、お子さんからの暴力に対して家族全員で逃げられるように話を付けておいたので、いざとなったらここに電話してください、Aさんという方が状況を理解しておられます」と、担当者の名前と電話番号の書かれた小さなカードを渡されました。このカードが、どれほど救いになったことか。他にも、過去のきょうだいの受診先に連絡をしてくれ、しばらく受診していなくても相談に乗ってくれるから、まずは電話してください、と繋げてくれました。また少しでもきょうだいに関わる人を増やしたほうが良いから、家庭訪問しましょうか、とご提案くださいました。知らない人が家に来るのはきょうだいが嫌がると思います、としり込みしたら、例えば「健康診断」を受けていない人への支援などの名目で保健師が血圧計もって訪問したりすることもあるんですよ、と、積極的なアイディアをいろいろと提示されました。彼女の物腰からは「まだまだできることはあるが、押し付けることはしない、でも手伝うから、いつでも連絡してくださいね」という姿勢が伝わってきました。この一枚のカードと共に提示された、まだ選択肢がある、という希望は、しんどい時期を耐え抜く添え木となったのです。そして彼女が繋いでくれた、かつてのきょうだいの主治医が、暴力を振るわれている最中の心がけに加えて将来的な見通しに関する助言をくれました。心理的なサポートについても、他の支援者を紹介してくれました。こうして、真摯な保健師から数珠つなぎにつながった人たちが、その時々に必要な支えをくれました。結局暴力を抑える方法もなく、問題の解決というものが何なのか良く見えないまま日々を送り、気が付けばシェルターを使うこともないまま、いつしかきょうだいは家族に対して暴力を振るうことをやめて、外に出かけていくようになっていました。それは新たな心配事の誕生でもあったため、当時はしのぎ切ったことに気づきさえしませんでした。

のちに精神疾患のある親の娘で自らもメンタルヘルスを崩して苦しんだ経験を持つ、精神科医の夏苅郁子先生は『人は人を浴びて人になる』という印象的なタイトルの著書を出されました。

私自身も、この言葉に強く同意します。制度で生き抜いたんじゃない、人によって、しのげたんです。

3　社会福祉を巡る法制度の限界

ではなぜ私は「助けてほしいとのばした手を振り払われた」と感じたのか。そこには制度の限界があると感じています。社会福祉制度は、現場のニーズに合わせて形づくられたものではありますが、複数の人々を対象に異なる地域でも実践できるように枠組みが調整されたものでもあります。その結果、制度を人に適用しようとすると、様々な限界が生じてしまいます。

例えば障害福祉サービスの家事援助は、「本人のため」のもので、家族のための家事を行ってはならないという通知が出ています。家族は健康なのに、その家族の分の家事まで国の税金を回すわけにはいかない、という考え方ですね。とても真っ当なのですが、「同居している家族」とは家事と介護に専念できる健康な成人だとは限りません。自身も体調を崩しながら働いているパートナーであったり、小学生の子どもが家事を担っていることも多々あります。ヤングケアラーの問題が注目を集めるようになってから、同居家族が子どもの場合は配慮するようにという通知は出ましたが、様々な状況にある同居家族を含めて丸ごと支える制度に本当になっているのでしょうか。

他にも、例えば家庭内での暴力・虐待から身を守るための法制度はどのようなものになっているでしょうか。児童虐待防止法、障害者虐待防止法、高齢者虐待防止法という法律がそれぞれあります。そして、それとは別に配偶者暴力防止法という法律もあります。これらの法制度は被害者－加害者の関係性ごとに制度が制定されているので、これらの枠組みから外れた関係における暴力は、福祉的な支援の対象にはなりません。家族外からの暴力と同様に刑法で対応するしかないため、家族を訴えることができず、泣き寝入りしてしまっている人達は少なくありません。例えばきょうだいから暴力を振るわれたり、成人を過ぎてからも親から暴力を受けている場合はなかなか支援対象になりません。障害者や高齢者が暴力をふるうこともありますが、それに耐えている介護者は、少なくともこれらの虐待防止法の対象として保護される対象にはなりません。他にも問題があります。虐待防止法は「児童」「障害者」「高齢者」といういわば「社会的弱者」を守るための法律です。そして同時に「弱者」をケアする親・養護者も負担が大きいでしょうから、と「親支援」「養護者支援」を行うことが法律では位置づけられています。この制度に想定されたステレオタイプが見えてくるでしょうか。児童や障害者や高齢者は弱い人なので守ってあげないといけない、でも彼らのケアをしていて虐待者になってしまう人も大変なので、支援はしましょう、そういう制度の設計になっています。ただし、親支援や養護者支援について、これらの制度は具体的なプログラムや支援方法、予算がついているわけではありませんので、基本的には担当者が面談を行うことと、既存の介護保険サービスや障害福祉サービスを提供する、あるいは必要に応じて法テラスや病院や生活保護制度などを紹介する、といった対応しかできません。また、配偶者暴力防止法に至っては、暴力被害を受けている人はいわゆる「社会的弱者」ではなく、加害をしている人もまた「ケア負担が大変な人」ではありませんので、加害者への働きかけも制度に含められていません。法で定められたのはただ被害者が分離して逃げるための措置です。もちろん状況に応じて被害者に対して障害福祉サービスや生活保護等の支援も提供されますが、夫婦関係を保全するための支援プログラム、例えば加害者に対する教育プログラムや、被害者に対するケアプログラムは、配偶者暴力防止法の制度として位置づけられていません。一部の民間団体が細々と取り組んでいるだけで、すべての地域で受けられる支援はありません。

こうした制度の隙間を埋めるために「重層的支援体制整備事業」という仕組みができました。始まって日の浅い制度ですから、すべての自治体で実施されているわけではないのですが、制度の狭間に落ちてしまいやすいケースについて、この事業の担当者会議で取り上げて、連携しながら支援していこうとするものです。そもそも本事業ができた背景が、日本の制度は個別の問題を多様に規定して複雑怪奇に対処制度が整備されているので、これらを調整してうまく回すための場が必要、という現場のニーズがあったからです。しかしこの制度もまだ歴史が浅いこともあり、そもそも「重層的支援の対象だ」と気づく人が居なければ担当者会議で取り上げられることは難しいです。仮に気づかれたとしても、どこまで支援者が関わるかを判断するのは大変です。例えば「ひきこもり」や「セルフネグレクト」等で社会的に孤立している方の場合です。心身状況が心配であったり、社会的なウェルビーイングが損なわれていると言えそうなのですが、明らかな問題が顕在化していない限り、訪問しても本人が支援者の関わりを拒否してしまうとなかなか継続的なフォローを行うのは難しくなってしまいがちです。

よく指摘されるように、こうした問題の背景には日本の福祉制度が「個人の問題」を対象に設計されており、そこに埋め込まれた「関係性の前提」への無自覚さがあるといえるでしょう。例えば「家族はお互いをケアするものだ」とか「虐待は親子の間で起こるものだ」とか、そういうシンプルな前提を問うことがないため、制度の隙間に気づけません。そのため「前提」とされる関係性から逸脱したところにある問題には十分に対応できないのです。このような制度の限界はしばしば指摘されてきましたが、一度決まった制度はなかなか変わりません。そのため、現場で働くソーシャルワーカーが単に制度を規定通りに運用していると、同じ限界を今度はクライエントに対して向けてしまいます。「夫のＤＶで悩んでいるが夫婦で一緒に暮らし続けたいです、夫も反省はしているので夫への支援プログラムが欲しいんです」と妻が相談したところで、「そのような公的なプログラムはありません、ＤＶ被害からは逃れるしかありません、逃げる覚悟ができたらいつでも相談してください」という対応をしてしまえば、妻からすれば、相談したけれど一人で何とかしろと突き放された、と感じてしまうでしょう。それはやはり、ある種の力の濫用、期せずしてケアに関する暴力になってしまうものだと思います。

4 クライエントの要望にまずは向き合う

とはいえ、私自身もソーシャルワーカーは全てクライエントの要望に沿って対応したらよい、と考えているわけではありません。クライエントの要望から制度上の課題が見つかったときに、制度を改善していく取り組みを行うことは大切ですが、制度が変わるのを待つ間にもできることがあるからです。特に大切なのは、最初に提示された「要望」を叶えることが、本当にクライエントの生活課題の解決、ウェルビーイングにつながるのだろうか、という点です。別の言い方をすれば、その「要望」を叶える以外に、生活課題の解決、ウェルビーイングにつながるような方法はないのだろうか、もっと話し合い検討していく余地があるのではないだろうか、ということです。

例えば、夫がＤＶをやめたいと言っているので、教育プログラムが欲しい、という要望が来たとしましょう。現時点では、自治体内でプログラムを提供するのはスタッフ体制やスキル養成などの課題があり、難しいかもしれません。「うちではできません、民間団体があるので、そこに問い合わせしてください」というのが、正直な回答かもしれません。ただ、夫婦間での暴力が再度生じないように講じることのできる手立てはプログラムのあっせんだけでしょうか。教育プログラムに参加したいと願うに至った夫の気持ちの変遷を聴き、その覚悟を支持し、妻の気持ちの揺れ動きを支え、お互いの安全が守られているのか、定期的に話を聴くことを重ねていくだけでも、一定の役に立つのではないでしょうか。夫も、妻も、自分の気持ちを理解してくれる人との会話から、様々な動機づけが高まります。夫婦関係をどうするのが望ましいのか、民間団体に相談したほうが良いのか、それとも何らかの形でいったん距離を置く方が良いのか。夫婦関係を考えるうちに妻が自分の経済力の無さが苦しさにつながっていると気づき、仕事をしたいと望むようになることもあるでしょう。そのような当初の要望とは異なる希望をも語る余地を広げ、その世帯のウェルビーイングの在り方を検討し直す話し合いを積み重ねていくことはできるのではないでしょうか。他にも「お金が欲しい」「ヘルパーさんに庭の草むしりをお願いしたい」等と援助内容を具体的に指定してくる方がいます。その要望だけを字義通りに受け止めてしまうと、つい「細部まであなたのご希望の条件に沿った制度はないですよ」とお返事してしまいたくなることもあるでしょう。ワーカーにとっては単なる情報提供のつもりかもしれません。しかしこれは「早すぎる解決策の提示」と同じように「まずい面接」になりかねません。どうしてでしょうか。

相談に行くクライエントの側に立って考えてみてください。

援助内容を具体的に指定してくる方の多くは、（1）状況が複雑で一筋縄ではいかない、（2）受けられる制度やサービスについて、限られた情報を得ている、（3）どういう支援だったら一番利用しやすく、自分の生活にとって助けになるかについてはいろいろ考えた、ということが多いです。そして最終的に（3）の部分から一部の要望だけ、窓口でお話しています。したがって、その人がどういう状況の中で、これまでどういう対応をしてきたのか、あるいはその要望をこの場所に相談してくるにあたって、どこから、あるいは誰からどんな情報を得て要望を形成してきたのか、について、相談者が積極的に語ることはあまりありません。これらのプロセスを十分に知ろうとしないまま、表面的に要望だけを聞き取ると、要求の多いわがままな人、と見えてしまいます。そのため、対応する側の支援者としては「まずは正確な情報を知ってもらって、その上で判断してもらおう」と考えてしまうかもしれません。しかし、その「正確な情報」が、来談者がこれまで得てきた情報と異なるなら、来談者は落胆したり、間違った情報に期待した自分を恥じたり、自分の気持ちを否定されたと傷ついたり、とさまざまな反応が生じてしまうでしょう。その多くは否定的な感情を伴います。その衝撃を和らげるためにも、要望を出すに至った背景、その経緯についてしっかり共感し、「正確な情報」を受け止める際の打撃にも配慮することが必要なのではないでしょうか。そして、複雑な状況を一足飛びに解決できなくても、その状況を変化させるお手伝いの方策を探せないか、と視点をずらしていく必要がありましょう。

例えば援助を拒否する方がいます。昨今は援助を拒否する人に対しても介入的に関わらないといけないことも増えてきました。でもなぜその人は拒否するのでしょうか。その背景には無数の可能性があります。学校等でいじめに遭い、そもそも人付き合い自体が怖いのかもしれません。友達作りが苦手で疎外された経験があるので、人と関わることを億劫に思っているかもしれません。かつて専門機関に相談したものの、いやな対応をされたとか、助けてもらえなかったという経験をして、専門家に対する恨みを持っている人もいます。病気や障害のために、他人を安全な人として認識するのが難しくなっている人もいれば、病気や障害を恥じていて差別されないように身を隠すような心持で人と関わらない人もいます。介入を拒否するのに働きかけをしないといけない方には、こうした無数の可能性を探索しながら、その人の不安感や緊張感を和らげたり、安心感を構築したり、過去は過去、今は今、と切り分けたりするお手伝いをする姿勢で関わっていくことが望まれるでしょう。

ご本人とご家族の要望が異なる場合も多いでしょう。例えば家族が心配して本人への支援についてあれこれ要望を出していても、本人が支援を拒否している場合にはワーカーは何をいつまで、どのくらい続ければよいのでしょうか。家族の要望に沿って強硬に、強制的に本人へ介入するのは本人に対する暴力、人権侵害にもなり得ます。本人の拒否に従ってすぐに介入を中止すると、家族の負担が持続し、それが今度は家族への人権侵害や家族関係の悪化につながります。どちらも拙速な判断です。本人と支援者との関係の構築を試みながら、家族と支援者の関係を維持し、かつ家族と本人の関係を解きほぐすような、関係性への働きかけを積み重ねながら、個々の状況に対応していくほかありません。

このような例示を連ねますと、熟練したソーシャルワーカーの方は「当たり前だ」と思われるかもしれません。単に要望に応えるというより、「クライエントとの関係性を構築することやクライエントを取り巻く関係に配慮し、その日常的な関係の維持や修復に対する働きかけをする」、つまり愚直にソーシャルワーク実践の基本に立ち返るということだからです。日々ケース対応に追われる中で、ついつい「より効率的にうまい対応を」と考えてしまうかもしれません。それが、かえってクライエントに対するまずい面接、不十分な対応に繋がってしまうなら本末転倒です。基本に立ち返って、クライエントと自身との関係性を問い直す姿勢が必要でしょう。

他にも、クライエントの要望により柔軟に対応しようとすると、ワーカー自身が他の関係者とどのような関係性を構築しているかが問われることもあります。例えばワーカーの所属機関における役割関係があります。独立型社会福祉士事務所や民間団体でない限り、多くのワーカーは制度で位置づけられた機関に所属しているため、その制度の範囲を超えた要望に対応することは難しいのは事実です。そのような場合、ワーカー自身が他所から配属されたばかりで、地域の関係機関や活動団体をよく知らないと、ご要望に対応して一緒に考えてくれる機関を紹介できないかもしれません。地域のさまざまな機関・施設の人々と知り合っていくと、多様な要望に対しても、何らかの手掛かりを見出すことができるからです。

5 関係性を変える会話を意識する

こうした関係性の形成について、私は、最近は「助ける会話」ではなく「一緒に考える会話」を提案しています。

「助ける会話」とは、ワーカーが暗黙の前提としているクライエントとの会話のモデルです。クライエントが「助けてほしい」と相談する→ワーカーが制度やサービス、対応案について伝える→クライエントが助言や提案に従う→状況が改善する→ワーカーとの信頼関係が強化され、何かあったらまた「助けてほしい」と相談する→最初に戻る、というモデルです。一見何も問題ないように見えるかもしれませんが、いかがでしょうか。

この「助ける会話」モデルには大きな限界があると私は考えています。ワーカーとクライエントの関係が、常に「教えるもの」と「教わるもの」という間柄に固まっていて、クライエントは常に無力で教えを乞う側であるという点です。逆にワーカーは常にクライエントにとって最善の

【助ける会話】から【一緒に考える会話】へ

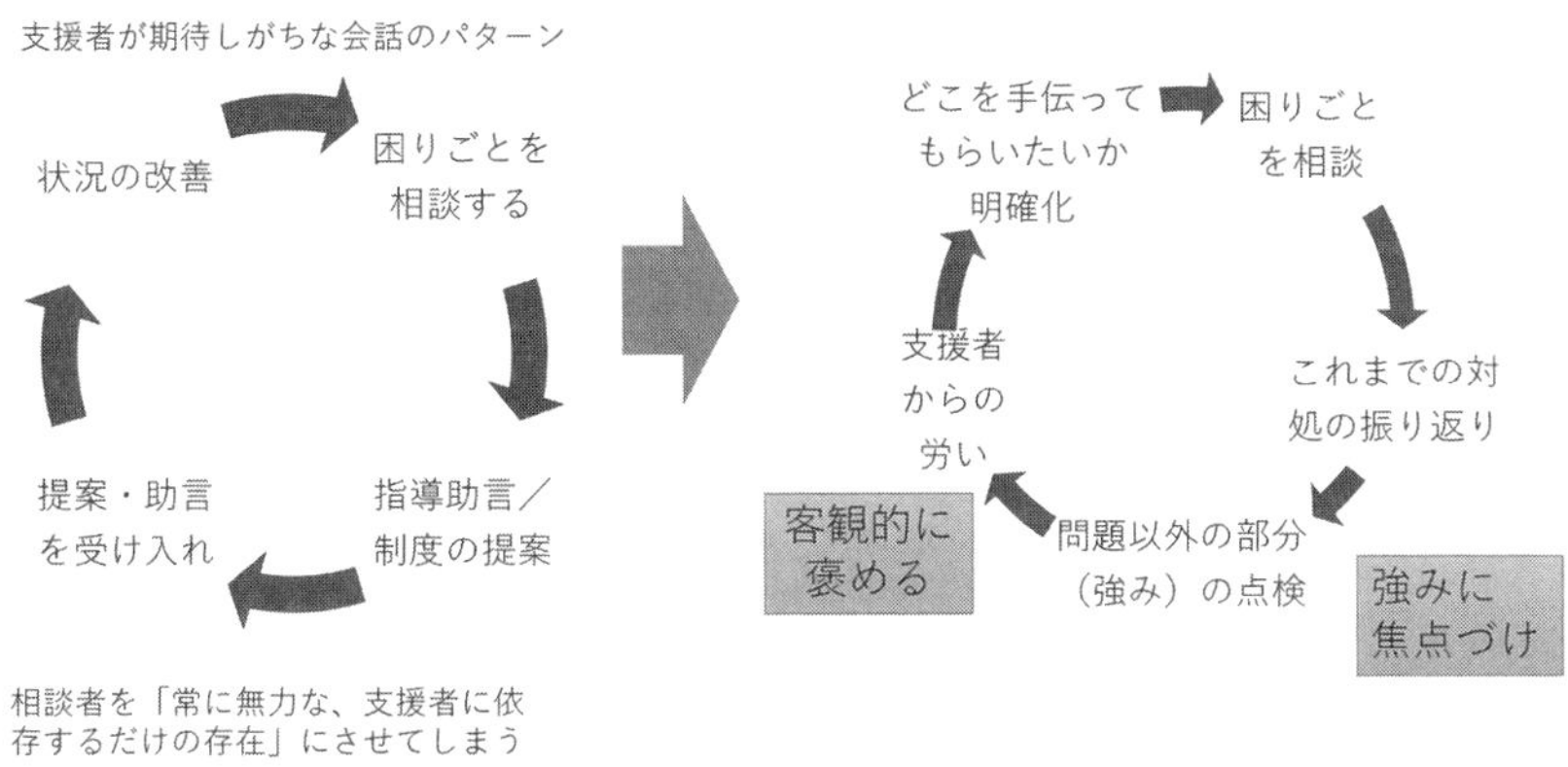

「一緒に考える会話」の模式図（筆者作成）

解決策を提案できる側でなければならない、ということでもあります。この関係だけでは、クライエントはいつまでたっても無力感に結び付けられ、またワーカーが提案した策が役立たなかった場合には信頼関係が損なわれて相談されなくなってしまうという弱さもはらんでいます。ワーカーがクライエントを助けるのは悪いことではありませんが、これとは違うモデルも同時に必要です。

　そこで提案しているのが「一緒に考える会話」です。クライエントが「助けてほしい」と相談する↓ワーカーから、「クライエントがこれまで行ってきた取り組みと、その結果」について聞く↓クライエントが過去の努力と成果を振り返り、部分的に役立ったことを再発見しつつ、それでもなお困っているところを明確化する↓ワーカーから、今までに行ってきた取り組み、努力を評価するとともに、明確化された現状に対して情報提供を行う。情報提供がすぐに行えない場合は、考える時間をもらい、次回の面談につなげる→クライエントが、提供された情報から対応を考える、というモデルです。「助ける会話」と似ているかもしれませんが、すぐに助けようとしているわけではないのがポイントです。つまり狙いは「助けること」ではなく、「一緒に考える関係を築くこと」なのです。

相談に来たクライエントは、そこで良い改善策の提案を受けられるか否かに関わらず、面談後はまた帰宅して、問題状況が絡まった暮らしの中でその人なりの試行錯誤、対処を続けていくわけです。ワーカーとの面談で希望にあふれた改善案をもらえると、それは嬉しいでしょうが、もらえなかった場合は当然落胆しています。その落胆を少しでも軽くするためにワーカーには何ができるでしょうか。それは、日々のその人なりの試行錯誤や対処をきちんと理解し、その中で役立っていることがあると再発見していただく会話をすることでしょう。毎日行う日々の営み、例えば整理整頓をしたり、食事を作ったり、洗濯をしたり、といった日常の雑事かもしれません。家族の癇癪に耐えたり、うつうつとした会話に付き合ったり、しかりつけたり、距離を取ったりといった家族内の関係性を調整する工夫かもしれません。そうした日常的な日々の努力を「当たり前」のものとしない会話ができれば、希望に満ちた解決案をもらえなかった落胆は軽くなります。ワーカーが理解してくれた、とか、自分の努力も無駄ではなかった、と感じられることが、喜びになることもあるでしょう。クライエントの無力感は少しだけ和らぐかもしれません。そういう理解してくれたワーカーが提案してくれた「部分的にしか役立たないアイディア」は、すぐに使われることがなかったとしても、大学生の私に差し伸べられた使うことのなかったカードのように、大切なお守りになるかもしれません。

私自身がこうした会話の形に行きついた背景には、自分自身の無能さに直面したからでもあります。自分自身が色々苦労して、そこからたくさん勉強を重ねて、少しでも上手な、人の役に立つ存在になりたい、と思ってきました。それでも、相談やスーパービジョンの現場に身を置くと、日々自分の「できなさ」「至らなさ」を突き付けられます。その場では頭が真っ白で良い提案ができなかったり、もっと何かしたほうがいいのかなと考えても心も体もついていかず具体的な行動指針が立たなかったりして、お役に立てていないと痛感することが良くあります。時間的にも体力的にも限界があります。もともと原家族の中で「人の役に立つような良い行動をし続けなければ意味がない」と高い要求に晒され続け、それに応えられない自分を否定しながら育ってきたため、うまくいかない物事が生じるとすぐに「自分が無能だからだ」という思考がわいてきてしまうためでもあります。家族の精神疾患や発達障害に起因する様々な症状行動や生活問題に対して、私自身も医療も無能だったと何度も痛感した、という体験がよみがえるのです。それでも何かできることはないか。人を支援するような優れた能力はない、無能な私でも何かできることはないか、とあがき続けてたどり着いたのが、この「一緒に考える会話」です。支援者が無能であったとしても、無力な訳ではないからです[1]。

この「一緒に考える会話」を続けるワーカーは、いわばクライエントの暮らしを、「次の相談」の日まで繋げたようなものです。こうなったらいいな、という「未来」をともに描きながら、「日常的な小さな工夫の継続」と「部分的にしか役立たないアイディア」の組み合わせで自傷他害といった破滅的な危機に至らないように、何とか状況を「その場しのぎ」で切り抜けていただく作戦です。そうして「その場しのぎ」しながら、クライエントの状況の変化、あるいはワーカー自身の地域との関係性の変化、偶然の出来事や何かのきっかけを待つのです。危機の頃には頻繁に面談して「その場しのぎ」を短いスパンで繰り返す必要があるかもしれませんが、多くのクライエントは危機的な状況を脱すれば、それなりに自分なりに何かやってみます、と面談間隔はあきます。年単位の粘りが必要になるかもしれませんが、その年単位での「その場しのぎ」を支え続けることができれば、クライエントを取り巻く人間関係が再編され、状況の改善につながっていくでしょう。

ワーカーは、このようにクライエントの時間を次につなげる大切な役割が担えます。さらにもう一つ、ワーカーの大切な役割があります。それは「地域につなげる」「社会を変える」ことです。クライエントや家族は、目の前の状況に耐えるので精一杯で「その場しのぎ」しかできないかもしれません。でもその場しのぎが必要になる状況は、その人だけにあるわけではありません。

「こういう風に困っている人、他にもいるんですか。そういう場合、あなたの機関ではどう対応していますか？」といった声を関係機関の人に投げかけ、つないでみましょう。意外と同じような困りごとを抱えている人が地域にいらっしゃると思います。同じ困りごとを抱えている人同士でつながり、それぞれの対応を共有することで、自分にとって役立つヒントを見つけられるかもしれません。または「地域課題」として「地域ケア会議」に挙げて勉強会の取り組みをしよう、という形に発展するかもしれません。制度のすき間を埋めるサービス提供活動を、小さな団体を作って始められるかもしれません。こうした地道な取り組みが、その小さな社会を変える働きになります。一つ一つの話し合いが、すぐに社会を変えられる力を持つ等と思えないかもしれません。でも、同じ思いを持つ人が集まるなら、何か新しい取り組みをやってみようという勇気もわいてくるかもしれません。「社会を変える」というスローガンで想定するような大それたことでなくても、少なくともワーカーを取り巻く関係をより良いものに変えることはできるでしょう。

6　ネガティヴ・ケイパビリティを磨く

私がこうした考え方を見出すに至ったのは、「ネガティヴ・ケイパビリティ」という考え方を知ったことがきっかけです。「ネガティヴ・ケイパビリティ」という言葉は、詩人のジョン・

キーツが最初に記述したとされる言葉です。彼は、優れた芸術家は「美」の感覚を事実や理性に基づいて性急に理解しようとするのではなく、不確かさや、不可解さや疑わしさを抱えたまま留まることのできる力、すなわちネガティヴ・ケイパビリティを持っている、と記しています。一般的な能力、つまり何かの課題を解決する能力とは異なり、ネガティヴ・ケイパビリティとは、目の前にある事実を解決しようと焦って、物事を一部分だけ切り取って理性的に対処しようとするのではなく、その不確かさの中に佇み、心に去来する謎や疑念、不安をもろともにしっかり受け止め、包容し続ける力です。キーツはその不確かさにとどまる包容力が、シェイクスピアのような芸術家の偉業の源になったと考えていたようです。このネガティヴ・ケイパビリティの概念を、精神科医のビオンが再発見し、広く知られるようになったと精神科医の帚木蓬生（2017）は紹介しています。帚木は書籍の中で、精神科医としてできることには多々限界があり、患者に良いアドバイスができないもどかしさを抱えたまま傾聴を続けていくうちに、月日とともに状況が変化していったという事例を挙げています。

初めてこの「ネガティヴ・ケイパビリティ」という概念に触れたとき、私の中では、大いに共感する片割れと大いに抵抗する片割れがありました。共感したのは、日々自分の至らなさに直面しながらあがいている自分でした。抵抗したのは、苦しんでいたころの自分、つまり「助けてほしい、苦痛を取り除けるならすぐにでも取り除いてほしい、何とかしてほしい！」という願いが痛切に感じられる自分でした。後者の声に向き合うと、前者の苦悩の声は単なる力不足の言い訳のようにも思えました。そのため、「ネガティヴ・ケイパビリティ」という考え方だけでは、すっきりした光が差すような視点の転換にはなりえませんでした。それでも、この概念を今改めて伝えたいというには理由があります。それは、変化のための「時間」を含む概念だからです。「助けてほしい、何とかしてほしい」という願いは、常に痛切で、即時対応を求める呼びかけとして響きます。でも、物事は即時に解決できるものもあれば、時間をかけて状況を整えなければ解決できないものもあります。また状況の変化に伴って目標そのものが変化していき、当初求めていたものとは違う形で解決が実現されることもあります。このように問題の解決ないしは解消に至るには、一定の時間が必要なケースがあり、そのための「時間」を担保する力として、このネガティヴ・ケイパビリティをとらえることができると気づいたからです。

この、「不確実さに耐えること」を主要な原則とするアプローチが、フィンランドの精神保健福祉領域で開発された「オープンダイアローグ」という手法です。これは、フィンランドの西ラップランド地方で四〇年以上にわたって、より良い治療を目指す改良的実践の継続と研究によってその成果を確認し、それをまた実践に生かすという円環的な補完プロセスを通じて開発されてきたものです。メンタルヘルスの危機に陥った本人や家族からの緊急コールから、この手法が始まるのですが、Mosse ら（2023）は総説論文の中でこの手法が二つのレベルで地域精神保健を変えたとしています。一つ目の点は、対話的コミュニケーション文化が確立されたこと、すなわち専門家主導での診断に基づく治療を行うというやり方ではなく、連絡を受けたスタッフとサービス利用者、そのケアラー（家族や周囲の友人たちなど、日常的にかかわる主要な人々）とで、危機を脱する方法を発見することを目的とした対話をすることが中心に置かれたことです。専門職が本人のいないところで何かを勝手に決定するのではなく、本人や家族や身近な人々とひざを突き合わせて、共同で方向性を探していくのです。第二の点は、危機に際して即座に支援を提供するために、地域の多機関・多職種のチームが組織され、サービス利用者と家族の様々なニーズに対応し、同じチームが継続的な支援を行うこと、精神症状に対しても薬物療法を最小限にして精神療法を重視しながら支援を積み重ねるという点です。これを実践するためには、支援者は専門家としての診断的な視点に立って他者を解釈することを避け、本人や家族や友人知人が、それぞれ自分の身に起こった困難な経験や出来事についてじっくり耳を傾け続ける力が求められます。ご本人やご家族・友人知人からのすべての情報を共有し、声に耳を傾けることで、多様性を認識し、日常的な関係や、これまでの家族や友人関係の歩みに基づいた理解を深めていきます。このような人権を中心にした手法により、医師や専門職が持ちやすい権力の影響を軽減して、重要なケアの決定を関わる人々と共同で行うことができるようになります。このような、本人や周囲の人々の尊厳を尊重し、その痛みに思いやりを持って即時にできることは対応して、関わり続ける手法により、回復が促進され、入院が減り、治療期間は短くなり、障害者手当の利用者も減り、教育や雇用に復帰する人が増えて結果的に医療費も減った、と報告されています。一方でこのやり方は既存の精神医療のやり方とは大きく異なり、支援者の価値観や、医療をめぐる構造そのもの（リスク管理や価値観、職員の階層構造など）の変化といった大きな変革を必要とする、といった課題も指摘されています。

私自身はメンタルヘルスの危機に陥った人の家族としてこの「オープンダイアローグ」アプローチに大きな希望を抱いたのですが、ちょうど日本に大々的に紹介され始めたころに子育てを始めたため、研修や実践にはあまり参加することができていません。それでも、「生活者としての家族」の経験から、この意義が身に染みて伝わりました。これからどうなるのかわからない時期に、方向性が見えるまでは何度でも集まりましょう、会いに来ますよ、と言ってもらえる人たちがいるだけで、不安感は和らぐでしょう。私は「いざとなったらここに電話できます」というカードというお守りだけでなんとかしのぎましたが、会いに来ますよ、と言ってくれるのはなんと頼もしいことでしょう。また別の機会ですが、私は本人の意思を踏み越えて、ほかの家族を守るために、強制入院をさせた経験があります。それは本人と家族をめぐる関係が変わるためにも当時はほかの手法はなかったと思っているのですが、大きな後遺症を残しました。長期入院による社会機能の低下、抗精神病薬の継続的な利用による様々な副作用、それによる本人の自信の喪失、不安の低下、活動性の低下など、様々な課題が残りました。強制入院をきっかけに地域の多職種がかかわる素地ができたため、支援者ネットワークは広がりましたが、この間のやり取りでさらに私自身も疲弊し、その後にも大きな影響が残っています。当時は相談した人々はみな本人への受診の説得をするか、強制入院かという二択しかなかったのですが、もしオープンダイアローグの仕組みがあったらどうなっていたでしょう。私や家族のつらさや怖さを本人の前で話せていたかもしれない、または本人の思いをもっとちゃんと私たちや支援者が聴きながら、本人主体のもっと別のやり方で危機を抜け出すことができたのかもしれない。暴力や暴言に疲弊している家族だけで、危機を脱する話し合いをしようとしても、まだ暴力や暴言が再燃するだけです。そこに複数の支援者が定期的に入り、安全を確保して話し合いを支えてくれたら、専門職として素晴らしい対策ができなかったとしても、せめて家族同士ではお互いへの怒りや苛立ちが解消され、理解しあうことができたのではないか。そうすれば、家族関係がこんなにこじれきることは無かったのではないか。当事者の人間関係に与える長期的な影響という意味で、オープンダイアローグの「不確かな中で一緒に話し合いを続けて、危機を脱する手法をともに探す」やり方の意義を痛感しています。

また支援者としての私も、考えさせられることがありました。私はネットワーク会議を何度か進行したことがあります。会議をうまく活用できなかったことは何度もありますが、会議を複数回実践できたケースでは、物事が思いがけずに好転することが時々ありました。そこには大きく二つの側面がありました。一つは、複数の機関が異なる情報を提示することで、状況のとらえ方が大きく変わり、ケース理解が深まって支援者のかかわり方のバリエーションが広がった、という面です。これは、多機関連携の強みとしてよく語られる部分です。もう一つは、会議を重ねることで「お互いに支えあっている」という雰囲気が生まれると、「前の話し合いから今日までにこんなに良い変化があったと気づけた」、「前にほかの人がやっていた工夫を真似してみようと思えた」、「次にまた会議があるから、その日までは何とか試行錯誤してやってみようと思えた」とか、「前の会議で話し合えなかったこのことを次に話し合いたいから、また会いたい」といったような、会議と会議の間の時間の支援者の取り組みの質が変わることで、ケースにも良い変化が生じる、ということです。このどちらもの場合も、必ずしも会議で「今後についてすごいアイディア、プラン」が出ているわけではありませんでした。前者については、いろいろな声を聴きあうことで、「状況の見え方が変わる」ことから可能性が広がったようでしたし、後者についてはケースに関する情報というよりもむしろ「お互いの試行錯誤を聴けたことと、今後さしあたってどうするつもりかを聴けた」ことが、役に立っているようでした。この、どうすればネットワーク会議がうまくいくのか、についてはまだまだ考察の余地があるのですが、うまくいかない会議の場合は一定の共通点が見えてきました。さまざまな事情で「私は特に意見も何もありません」と発言に消極的だったり、あるいはこれまでの支援経緯を膨大な情報量とともに語って時間が足りなくなったりする、ということです。発言に消極的な人は、職種、職位や経験が他の参加者と比べて「社会的に低い」と感じていらっしゃるようでした。そのため違和感があっても会議中には発言せず、そのために会議で決めた方針もちょっと的外れになることがありました。また、時間が足りなくなるくらいに話す方の多くは、初めて出会った他機関の人に、私達はこんなに頑張っているんだと知ってほしいように感じました。いわば、「事例の問題はあるけれど、私たちはこんなにやってる！　苦労してる！　だからほかの機関ももっと頑張って助けて！」という願いが暗黙の裡に込められて、話が長くなってしまうのではないか、と。特に定期的な会議が行われないケースで、この傾向がみられました。ちなみに膨大な事前資料をまとめてくる参加者の方は、すでに機関内で方針を決めてしまっていることが多く、会議の中で状況の見え方が変わってもすぐには方針を柔軟に変容させられないという方もいました。担当者ご本人のお気持ちと、上司の意向との葛藤で苦しそうな表情をなさったのを思い出します。こういう経験から、ネットワーク会議で、安心できる場を作って、お互いの声を聴きあう時間をきちんと取り、お互いの取り組みを認めて理解しあえるような進行を行うことが大切なのだと感じるようになりました。そうすることで、自分も事例への良い対応策がはっきりとは見えていなくても、不確かな中で関わり続けることができる、ほかの人のやり方を参考にすることができる、ほかの人も頑張ってると思えば自分も一、二か月くらいなら踏みとどまって頑張ることができる、そんな思いになれるのではないか、と思えたのです。そういう、支援者が良い形でつながりあっているからこそ、発揮できるネガティヴ・ケイパビリティがあるのではないか、と。

7　地域でつながる

いま、私は子育てに比重を大きく割いているため、ソーシャルワーカーとしての仕事はできていません。短時間の相談室勤務や、スーパーバイザー的なかかわり、地域で対話の場を開く取り組みなどに参加する程度です。その中でつくづく感じたことがあります。相談室の仕事と、地域の対話の場とでは、その場に流れる時間の質が大きく異なるということです。私が関わっているのは、保育園が開いた地域子育てカフェの場の一角を借りて、子育てに関する対話をする機会を設けるという月一回のイベントです。会場の広さの兼ね合いもあり、定員は五人ですし、平日午前という設定から参加者が二名しかいないこともありました。ファシリテーター（進行役）としてその場を安全に、良質な話し合いの時間にする、という責務はもちろんあるのですが、ソーシャルワーク業務としてかかわっているわけではないためか、「限られた時間の中で最大限の効果を出さなければ」というプレッシャーがありません。対して短時間の相談室勤務は「一回一時問きりの相談機会の中で、次につながるヒントを提示しなければならない」というプレッシャーをしばしば自分に課してしまいます。そのため、相談室ではどうしても前のめりに専門家としてたくさん話す、ということを（特に面接の後半で）やりがちで、あとで振り返ると反省点がたくさん出てきます。他の仕事も、子育てもそうです。限られた時間を最大限に活かすために、どうすべきか、ということをつい考えてしまう。それに比べてボランティア的な地域の場は、そういう合目的的な場所にすることができませんし、する必要もないように感じます。その場に集う人の状況もニーズもそれぞれなため、計画通りに何かを進めようとすると無理が出ます。むしろ、複数のファシリテーターで場づくりだけを心がければよいのです。私が何かヒントを提示しなくても、参加者が安心できる話しやすい場になるような仕掛けだけを考慮すれば、あとは勝手に物事が動いていきます。ほかの人の声から何かを見出したり、特別な対話の場で出せることと日常の場で出せることを使い分けたり、いろいろな考え方から見通しを持てたり、多様な可能性が広がっていくのです。支援者として一人で合目的的に面接を行うことより、よほど力強い展開に感じられることが多いです。同時に、子育て親としての私もまた、その場で癒され、その場で吐き出せるから子育てにまつわる様々な悩みを受け流すことができる、というようにもなっています。「支援をしている人が一番利益を得る」というヘルパーセラピー原則としての意味ではなく、単に私が声を聴いてもらってケアされている、そういう時間も生まれているのです。

そう考えていくとソーシャルワーカーの専門性とは何か、ますます心許なくなっていきます。国の指針通りに動ける学生を育成することよりも、地域で対話できる力を持ってもらえる方が良さそうです。では、地域で対話できる力、関係者とつながりあう力さえあれば良いのでしょうか。最近は地域活動が盛んで、社会起業を考える人もたくさんいますし、そういう人がいればソーシャルワーカーなんて要らないのではないか、資格なんて要らないのではないか？という気持ちまで湧いてしまうことがあります。でも、ソーシャルワーカーだからこそ「複数機関との連携」とか「地域へのつながり」を志向しやすいし、実施しやすい立場にいます。そして、ソーシャルワーカーとしての倫理的な責任感があるから、問題の解決方向が見えず、不確かな見通しもおぼつかない状況が続いている、という時であっても、ケースに対して投げ出さずにかかわり続けることができるのではないか、とも思います。ボランティアは投げ出してもいいわけですから。ネガティヴ・ケイパビリティを支えているのは、その場にただ踏みとどまり、存在し続けるという専門職としての倫理性、責任性があるのではないか、と思っています。著名な医療人類学者であるアーサー・クラインマンは、自身の妻の介護経験を通じて、ケアをするとは、ニーズを持つ人のために「存在すること」であると述べています。ソーシャルワーカーの役割の神髄は、まさにこの「ともに存在し続けること」にあるのではないか、と思うのです。

8　未来につながる

最後に、私設相談機関で出会ったBさんの話で結びたいと思います。Bさんとは、ご家族からのご紹介で出会いました。就学前から続くメンタルヘルス上の問題を抱えていた方で、色々お話の訊き方を工夫しながら、様々なアイディアを出したりもしていました。その場しのぎで役立ったものもありましたが、全く役に立たなかったように思われたものもありました。その中には、「三〇歳の時のあなたの未来を描いて」とお願いしたものもありました[2]。面談場面では言葉でも絵でも描けず、次の面談の際にはがきサイズのカードにきれいなイラストを描いて持ってきてくれたのです。白壁の家で、窓べに鉢植えが並べてあって、その人と思しき人物が室内から身を乗り出して花に水をあげている、という場面でした。その絵と、諸症状がやまないがゆえに引きこもっている現状をどう結び付けたらよかったのでしょう。私は「素敵な絵ね、どんな場面なの?」と絵の状況、描かれていない背景について楽しくひとしきりしゃべった後は、「三〇歳になったときに実現していたらいいですね」とあいまいな表現で終わらせることしかできませんでした。その面談後は特にその絵について話し合うことはなく、私はすっかりと忘れられたものと思っていました。Bさんは結局自分で「好き」なものを見つけ、その「好き」を体験するために外に出て、人とつながるようになり、「好き」を最大化するために目標がさらに広がり、何年かかけながら、思いもかけない大展開をして元気になっていきました。

そのBさんが、ある頃久しぶりに面談をしたいと連絡をくれました。初めて出会って集中的にあっていた頃から、もう一〇年以上が経過していました。結婚や子育てを経験しながら、仕事との両立で悩んでいるんだ、という話を聴かせてくれたBさんは、突然、「ねえ、三〇歳ごろのことを描いたの覚えていますか」と切り出しました。「もちろん」と答えた私に、ニコッと笑いながら、「あの絵、実は三三歳くらいのことを想定して描いてたんですよね。あの頃自分はたぶん二〇代前半で死ぬと思っていた。だから、三〇歳のことって言われて、『えー』っていう感じで。そんなこと描けないよ、って思いながら、なんか夢物語みたいに自分事じゃない感じで描いてたんですよね。でも、ね、気が付いたら、今それが全部叶っちゃってるんですよ。で、いま悩んでいるのは、その先の夢がなくなっちゃったからどうしたらいいのかわからなくなってるんじゃないかって思っているんです」と教えてくれました。本当に驚かされました。Bさんが死ぬと思っていたなんて知らなかった。そして、その絵のことがずっと頭にあったなんて思いもしなかった。私にとっては「不発」と思われたあれこれの問いかけの一つに過ぎず、Bさんは自分で勝手に元気になっていったようなものだったのに、二人の会話の産物がBさんの時間をつなぐ添え木になっていたなんて。

力が無くて、格好いいことができなくても、どうかクライエントと会話をし続けて、一緒にあがき、その場しのぎをささえることのできるソーシャルワーカーは、きっと未来につながる懸け橋になると信じています。

Key Word

関係性・対話・支援者ネットワーク・「一緒に考える会話」

［注］

1　余談ですが、浦河べてるの家を代表するソーシャルワーカーである向谷地生良氏は、「無能」と「無力」という言葉を筆者とは違う意味合いで用いています。氏にインタビューした竹端氏のブログによれば『「無能」とは、自分には能力がないと自己否定や自己卑下をすることである。一方、「無力」とは、これまでの自分のアプローチでは上手く関われないという「非力さ」を認めることである。多くの支援者は、患者を治せない・上手く関われない事実と直面することを、「無力」ではなく「無能」だと感じてしまうがゆえに、それを認めようとしない。それだけでなく、自分を「無能」に思わせそうな治らない患者を見下し、自分の治療の不全を相手の個人的問題に矮小化したり、対象者を馬鹿にする治療者までいる。』とのことです。私自身は、「無力」というと自身ができるごくわずかなことすら否定する感覚が伴うため、むしろ社会における自分の能力には多々限界があり、できないことがあるのは当たり前という意味で「無能」さのほうが受け入れやすい言葉です。そのため、本文ではこのような表現になっています。この感覚は、もしかしたらどんなに頑張って勉強したり働きかけをしたりしても原家族がバラバラになっていくのを防げなかった自分を「無力」と言ってしまうと、すべての努力が無意味なものに思われてしまい、より自己否定感が強まるからかもしれません。または男性性が優先される社会の中でケアや自身の感情の波に振り回されて十分な能力を発揮できるほど頑張り切れない、という自分の限界と日々折り合いをつけて暮らしているからかもしれません。いずれにせよ、わたくしがいう「無能な支援者でよい」という表現は、あくまで「できることの限界を受け入れながらも、かかわり続けることをやめない」という含意の表現です。

参照：竹端寛氏ブログ二〇二三年一二月二日の記事「無力さでつながり直す面白さ」より。https://surume.org/2023/12/%e7%84%a1%e5%8a%9b%e3%81%95%e3%81%a7%e3%81%a4%e3%81%aa%e3%81%8c%e3%82%8a%e7%9b%b4%e3%81%99%e9%9d%a2%e7%99%bd%e3%81%95.html

2 解決志向アプローチのミラクル・クエスチョンを日本の心理職である黒沢幸子がアレンジしたタイムマシン・クエスチョンを真似したものです。詳しくは黒沢（2022）をご参照下さい。

［文献］

夏苅郁子（2017）『人は、人を浴びて人になる――心の病にかかった精神科医の人生をつないでくれた12の出会い』ライフサイエンス出版

黒沢幸子（2022）『未来・解決志向ブリーフセラピーへの招待――タイムマシン心理療法』日本評論社

帚木蓬生（2017）『ネガティブ・ケイパビリティ――答えの出ない事態に耐える力』朝日新聞出版

Kleinman, A.（2019）*The Soul of Care: The Moral Education of a Doctor.* NY, Viking（=〔2021〕皆藤章監訳『ケアのたましい――夫として医師としての人間性の涵養』福村出版

Mosse D, Pocobello R, Saunders R, Seikkula J, von Peter S.（2023）Introduction: Open Dialogue around the world - implementation, outcomes, experiences and perspectives. *Front Psycho*l. 13: 1093351. doi: 10.3389/fpsyg.2022.1093351.

CHAPTER 4

「うろたえる」ソーシャルワーカー

木村淳也

1 「うろたえ」ている人のこと

わたしはソーシャルワーカー。年齢は五〇歳を少し過ぎています。といっても、臨床家として生計を立てているわけではなく、短期大学の教員を本業にして、地域の皆さんからのお誘いで勉強会の講師をしたり、地域のソーシャルワーカーと一緒にお話をしたり悩んだりしながら日々を過ごしています。自称ソーシャルワーカー、あるいは、いうなればパートタイムソーシャルワーカーみたいなってところでしょうか。

勤め先の短期大学は、福島県の会津若松市にあります。ご存知の方も多いとは思いますが、会津若松市は戊辰戦争の舞台となった鶴ヶ城のお膝元にある城下町で、一一万人ほどの人が暮らしている、田舎ではあるけれどまあまあ開けた街です。観光地でもあるので、来たことのない方はぜひ一度お越しください。生活しているわたしも日々思っていますが、結構いい街だと思います。

そうそう、短期大学では社会福祉系の科目を中心に担当しており、幾人かの学生と勉強しながらのんびりと過ごしています。社会福祉士という国家資格があって資格取得のためのカリキュラムがあるのですが、主にその辺りの科目を担当しています。余談ですが、短期大学で社会福祉士の養成をしているのも昨今ではかなりのレアキャラだと思います。レアキャラついでにいわせてもらうと、何でもかんでも高度専門化していくのが世の常なのか社会福祉士養成カリキュラムの制度が変更される度にヨンダイのためのカリキュラムに先鋭化していくのが見え見えでタンダイの夕の字が感じられなくなってきたのが悲しいところです。風前の灯火って感じ。もしかすると次のカリキュラム改定でタンダイの社会福祉士養成は絶滅？　するかもしれないです。もっと短大の良さを再認識してもらえたらいいのに。

国家資格関連の科目は、その性質上、授業に含まなければならい事柄がお上の意向で定められていることもあって、どこの大学でも基本的に同様の授業が開講されており、受講者はどこの大学でも同様の授業が受けられるという利点がある一方で、授業担当者目線でいえば、その性質から教員の裁量はあまり利かないという点もあって、決められたことをやるだけともいえるので正直面白くはないのですが、「資格」のための科目ですからそれはそれとして理解しています。裁量が全くのゼロというわけでもないし。さてさて、話が横道に逸れすぎてしまいました。

二〇一一年、家族三人と犬一匹で会津若松市に引っ越しをしてきて一三年余がたちました。その間、家族構成員が一人増えて四人家族になりました。時の流れは早いもので、会津に来たときにはよたよたと頼りなく歩いていた子どもが小学校を終え中学生になりました。子どもが大きくなる代わりに、犬一匹は年を重ね数年前に一七歳で虹の橋を渡りました。とても悲しい別れでした。あちこちを転々として生きてきたわたしの傍らに常にいてくれた「心の友」ともいえる存在でもありましたのでペットロスにもなりました。そうこうしているうちに、妻もわたしもその分の年を重ねました。気が付けば白いものもずいぶん目立つようになり、鏡の前に立つたびに時の移ろいを感じさせられます（老いです）。

移住したばかりのころは、街を歩けば視界に飛び込んできた「応急仮設住宅」もいつの間にやら姿を消してしまい更地にもどっていきました。東日本大震災後のすべての課題がいまだに解決したわけではないけれど、今では、あの頃のできごとなど無かったかのように新しく整備された公園が眼前に広がっているだけです。会津に来てから今に至る間、震災後の悲喜こもごもを経験してきました。新しい人との出会いも経験し、気が付けば、なんだかんだと学校福祉にも関わるようになっていました。人生何が起こるかわかりません。少なくともわたしの場合、新しい出会いを繰り返す中で、必要とされているであろう自分の役割も猫の目のように変わる経験が多くありました。

社会福祉を担当する短大の教員ということもあり、大学などの教育研究資源に割と乏しい地方の悲哀も背負いつつ、地域の皆さんのご期待をできるだけ裏切ることにならないように、よくいえば「ジェネラリスト」その実は「とりあえず何でも屋」として、ない知恵を絞って日々を過ごしています。もちろん、「わたしができる範囲で」の話ですけれども。たまには少しばかりの無理をしますが、とんでもない無理はしませんし、できません。そんな風だけれども、いくらかでも役に立てることはあるんじゃないかとは思っています。地域密着といえば聞こえはいいですが、局所的というか、かなり地域限定的な仕事しかしていません。それが個人的には後に続く悲劇というか喜劇というか、そんな体験のもとになるのだけれども。

2　みんなはどうしているんだろう

さて、わたしの現状について軽く触れましたが、あちこちに出かけながら活動していると「こんな時、みんなだったらどうしているんだろう」と思うできごとにも出会うわけです。単にわたしの力量の問題でもあるのですが、それでもなんとかしないとならない場面で、何ともしようがない、そんな時には決まって「うろたえ」る自分と出会います。そして、みんなはどうしているんだろうと考えます。正直、しょっちゅう「うろたえ」ています。だから、しょっちゅう「みんなはどうしているんだろう」と考えてばかりです。この原稿を書きながらも、「共著者のみんなはどうしているんだろう」と考えっぱなしです。情けない自分とはできるだけ会いたくないけれども、まあ、何年経ってもしっかりできなくてダメですね。見た目はちゃんとオジサンになりましたが、中身はそうでもないようでなんともお恥ずかしい限りです。

エピソード① 「東日本大震災の援助に関わっているとき」

あれは二〇一三年頃からしばらくの間、ご縁があって、原発事故等々で避難生活をしている方々の援助をしている人たちのサポートをしていたことがあります（厳密にいえば今も続いているのかな？　わたしの場合、「公式」に「組織的」に援助活動に参加しているわけではなく、つながりの中で声がかかれば援助活動に入る草の根活動的といいますか、ボランティア的といいますか、ゆるゆると動いていました）。

たとえば、わたしの活動を「生活課題を抱える住民の自立援助」と書くと、ああ自立援助ね、と了解してもらえるかと思うのですが……基本的に、世界的に、宇宙的に、現世的に、もうとにかく前例のない事態にどう対応するかというできごとであったりすると、援助をする人たちも、もう文字通りの「手探り」で援助を作るしかなくて。それでもわたしは側面的に関わっていただけですから、全部ではなく一部ではありますま。その当時の試行錯誤は、そりゃあ想像を絶するものので、「事実は小説よりも奇なり」というほどで、そんな側面的に関わっていたわたしであっても「うろたえ」てばかりでした。

わたしの「うろたえ」の流れはシンプルです。

避難している方がどうしていいのかわからなくなる。

←避難している方を援助している人に相談する。

←避難している方を援助している人がどうしていいのかわからなくなる。

←援助者の援助をしているといって現れた人に相談する（現れた人はキムラ）。

←現れた人（現れた人はキムラ）がどうしていいのかわからなくなる。

「ここ」で「うろたえ」るわけ。

もう「ここ」に至っては、正直なところ聞かれたってどうしたらいいのかわかるわけもないのです。まあ、話半分で、話を聞いてくれただけで十分ですという意味で話をしてくれているのか？ほどほどにガス抜きすれいいのか？とかなり曲解することで「逃げ切る」方法もあるかもしれないのだけれど、まあ、そうはいかないのがわたしの関わり方の弱みといえるかもしれないです。

もし仮に、わたしがなんらかの遠征組で、一期一会とばかりの「これっきり」で「逃げ切り」

できる間柄であれば、「お茶を濁して逃げ切る」かもしれません。そんなことを考えてしまうくらいに意気地のないわたしであっても、自分が住んでいる地域やその延長線上でのできごとであって、何度も会う人たちを前にしては「お茶を濁して逃げ切る」という選択はないし、何より自分が暮らす街のことだから、国の偉い人に「我が事丸ごと」とかいわれるまでもなく、そもそも我が事だし、自分事になっちゃっているわけで。「逃げ切る」ことが選択肢にない距離感だからかえって良かったのか、悪かったのか、腹をくくることができました。

そんでもって、「ソーシャルワークを学ぶ者として」とカッコつけておきながら、相談されてもどうしていいのかわからないようなことを聞かれたときには、「うろたえ」るしかないのです。まあ、かっこ悪いったらありゃしないわけです。

え？　そんなケース特別なことじゃないじゃん。原発事故避難とかいうけど、ひとりひとりの生活上の課題や援助は人としてひとりひとりが同じできごとではないのだし、ソーシャルワーカーは毎回初めてのことに出会うんじゃないのか？なんてわかりきったことはいわないでください。トンネルの出口が見えないことに気がついてしまったのは、トンネルの中に入ってからで、トンネルの中には気がついたら入ってしまっていて、後ろを振り返っても入ってきた穴はすでに見えなくなっていて、先に進むしかなくなっていたんだから。

で、結局どうしたのって？

何もできませんでした……何も。

おそらく、話し相手くらいにはなったと思うけれども、そのくらいしかのことしかできませんでした。困ったなぁといいながら一緒にいるくらいのことしかできなかったのです。できもしないことを安請け合いするなんて、なんて無責任な奴なんだといわれれば返す言葉もないのだけれど、そこにどうしていいか困っている人がいたら知らん顔もできないでしょうよ。で、何もできないのだからたちが悪いったりゃありゃあしない。

エピソード② 「教育領域における福祉援助に関わっているとき」

震災復興援助しかり、安請け合いしちゃってから、コトの重大さに気がついて吐き気がするほど後悔するのが情けないことにわたしの常なのだけれど、引き受けたからにはちゃんとやらないといけないよねとはもちろん考えてはいます。結果、後付けにはなるけれど形だけは何とか帳尻あわせをして？　いて、目も当てられないほどひどいことになりすぎずに済んではいるのではないかと思っています（うーん、それでいいのかって話は置いといて）。

いってみれば学校福祉もその口で、「ちょっと手伝ってくれねーかい」とお声掛けがあったときに、少し考えを巡らせてみれば自分には荷が重いことなどすぐにわかるはずだけれども、ソーシャルワークのあれそれを基本にしてああしてこうすれば何とかなるんじゃないかくらいに甘く考えていたのがまずかった。けれども後の祭り。ご多分に漏れず結局、ことあるごとに吐きそうになりながらヒヤヒヤしながら綱渡り状態でやっています。さらに時間の経過がヒヤヒヤに拍車をかけることになるのですが、さすがに安請け合いで綱渡りとはいえ十年も継続していると、その分野の専門の人として地域の関係者は認知する向きがあるようで、どうしたものかと思案する日々です。（←どう考えてももう遅いわけですけれども）先に考えればわかることなのだけれど、各領域にはその領域を専門に研究や実践をしている先生方がいて、いわばそれで飯を食っている専門の方々がいる一方で、わたしのようなパートタイマーに何ができるのか。十年ほど経過した今でも結構な悩みの種です。

とはいえ十年もやっていたらパートタイマーだなんていってもいられないだろうし、周りの人たち（教育委員会なんかの教育界隈）は、キムラは学校福祉の専門家だからと思っている節も会話の端々から感じられるようになってきているし、そんな話に尾ひれ背びれが付きまくってキムラはいじめ問題にも詳しいとかいわれだしそうで、この原稿を書いていたらますます自分はなんて罪深いことしているんだと窮地に立たされている気がしてきてしまって胃がキューーッとしてきました。

そんなこちら側のくだらない事情はさておき。

スクールソーシャルワーカーが困ったなぁという状況にいるときに「スクールソーシャルワー

カー」の「スーパーバイザー」を名乗る人が目の前に現れれば、自分に比してさぞかし何でもできるし何でも知っている人なのだろうと思うのは人として割と正常な判断だと思うのです。それで、ソーシャルワーカーのみなさんとスーパービジョン関係を持って話をすることになるのだけれど、時が進むにつれて、気の利いたアドバイスの一つもできない自分に気がついてうんざりしたりなんだりを繰り返すわけです。

お相手のソーシャルワーカーは、「スーパーバイザーと話をしたらグチャグチャと絡まっていた糸がほつれて整理できた」とかいってくれる人もいるっちゃいるのだけれど、それすら結局はわたしを相手にソーシャルワーカーがひとり語りをしているうちに勝手にスッキリしちゃっているわけでしょ?と思ったりもして。それはさすがに捻くれすぎだとしても難しいなあと思うわけです。

ソーシャルワーカーのほかにも学校の福祉援助活動には登場人物がいます。学校という場所を居場所にしている人のなかで、基本的には「子ども」たちの尊厳を護ることがソーシャルワーカーのお役目であると考えているのだけれど、それを実現するためには「保護者」や「学校で働いている人たち」を援助することが必要になることも多くあって、子どもへの働きかけと同様に大切なお仕事なのです。視界に子どもがいないので遠回りしているように思えるけれど「急がば回れ」な援助も展開されています。

いろんな立場の人たちが関わると、いろんな立場の人の価値観が入り乱れだして渋滞を起こすこともしばしばあって、渋滞だけならまだいいのですが、価値観の衝突事故が起きると大変です。「あちらを立てればこちらが立たぬ」といった「保護者」と「学校で働いている人」のせめぎ合いの間で、もろもろの対応にあまりにも疲れ切っている「学校で働いている人」からどうしていいかわからない、こんなに頑張っているのに、自分の教員生活ってなんだったんだと息を漏らすようにいわれたときなど、まあ気の利いた言葉の一つも吐き出せない自分のヘタレ具合に「うろたえ」たりもするわけです。

こういう時、みんなどうしているんだろうと本当に思います。恥ずかしながら、わたしにはたいしたことは何もできなかった場面も多くあります。なんとか役に立ちそうな言葉を吐いた方が「専門家」っぽいとは思うのですが、気の利いた言葉をかけることもできませんでした。

そんなときこそ思うんです。他のソーシャルワーカーは何でも知っているし、何でもできるんだろうか、とか。でも、そんな馬鹿なことはないだろうし、果たして、みんなはどうしているんだろう。

わたしは知りたい。

みんなどうしているんだい？

「うろたえ」ながら、みんなはどんなことを考えているの？

もしかして、「うろたえ」ることなんて基本的にはないの？
うーん、そんなわけないしなぁ。
いちいち「うろたえ」ているのってわたしだけですか？
「うろたえ」たとしても、堂々と平気なフリをしているの？
弱みを見せてはいけないと見栄を張っているの？
そもそも弱みなんてないの？
「うろたえ」ている姿を見せないようにしているの？
どうなんだろう。

3 「できること」とか「できないこと」とか

みなさんがどのようにされているのかについて非常に関心がありながらも、結局のところわたしはわたしのやり方で切り抜けていくしかないわけです。だからといってわたしは完全体ではないわけでして、できないことも多くあります。知らないことも多くあります。もちろんできることもあるし、知っていることもあるけれど、それは全部ではないわけで。

そうとはいっても活動の中では、それなりに期待をされていることも感じていて、期待に応えなければならないと思えば思うほど「うろたえ」てしまうこともあって。専門家だからなんとかしてくれるっていう期待やまなざしをビンビンと感じる場面があって、それはそれで役に立てるのはうれしいのだけれど元来あまりプレッシャーに強い方ではないので「うれしさ」より「しんどさ」が勝ることの方が多いかもしれない。

専門家だからなんとかしてくれるという期待を埋めるものは何かと考えると、それは専門家を専門家たらしめる理論と方法とか、相談したらスッキリ解決とかそんなものなのだろうと思うのだけれど。そもそもわたしは白黒はっきりスッキリ解決向きの専門家でもないので期待に応えられていないと感じることも多々あって。

自分ではコレコレな専門家といっているけれど、その専門家像が相手と違っているコトもしばしばで。相手に理解してもらうことも難しいコトも多くって。

日本全国のソーシャルワーカーに聞いたわけではないので、わたしの思いつきでしかないのだけれど、自分の実践に用いたソーシャルワークの理論を説明できるソーシャルワーカーや意識して援助を組み立てているソーシャルワーカーってどのくらいいるのだろうかと思ったりもする。なんでも知っていてなんでもできるって意味ではなくて、言葉にして相手に説明できるかって意味で。

ソーシャルワークは専門職かどうか、ソーシャルワークは専門的な学問かなんて話がいつまでたってもなくならなくて全体的に自信の持ちにくいソーシャルワーク界隈だけれども、社会福祉士を持っている人でも自分の実践がどのようなソーシャルワークの理論を基盤として展開しているのか言葉にすることに苦慮しているんではないかと思ったり。

ソーシャルワークを専門的な存在にするべく奔走した先人の取り組みを称えつつも、未だにあいまいさに満たされる界隈や形だけ整えた張り子の虎のような実態もあったりもしてなんとも珍妙な気持ちにもなる。あ、決して自分のいる業界を卑下しているわけではなくて、何かを形にして、みんなにわかってもらうって大変なんだなぁとひしひしと実感しているだけです。無理に形にする必要もないかもしれないし。とはいえ、自分達がなんだか得体の知れないものとしてそのままよく分からん！　じゃうまくはないだろうし。専門職の考え方もいろいろとあるわけだし、あまりしょげていてもしかたがない。

さて、一方では、多くの人にとってソーシャルワーカーが専門職かどうかなんてどうでもいいことで、今ここで起きていることをなんとかしていきたいという人がいて、それに向き合うソーシャルワーカーがいるという現実もある。

これでもわたしはソーシャルワーカーとして、できるだけできないことを減らしたいと思っているし、知っていることを増やしたいとも思っているけれど、五〇歳を過ぎていながら恥ずかしいのだけれども、自分がそれほどスゴイ能力を持っているわけでもないことをイヤというほど自覚する場面に出会っているし、スーパーマンにはなれないって知っているので「どうしようもないことはどうしようもない」などと諦めているところもないわけではないのだけれど、あまり開き直りすぎてもはよくないだろうから幾分は食い下がってみたりもしている。

要はもがいているわけです。

「うろたえ」の次に「あきらめ」るんではなくて「もがき」なわけです。

4 「うろたえ」やら「もがき」はソーシャルワーク独特の営みか？

この「うろたえ」やら「もがき」なのだけれども、そもそもソーシャルワーカー固有のものなのかどうかって話になると、結論からいえば違います。そんな特別なモノではないです。生きていれば誰しも「うろたえ」もするし、「もがき」もする、ごくごく普通の誰にでもあるアレです。じゃあ「何をいってるんだ。単なる木村の弱音じゃねえか」といわれれば「はい。そうです」という程度のものでもあります。

では、誰にでもあるし、特別でも何でもないことをどうして延々と書いているかといいますと、「うろたえ」や「もがき」へのしつこさというか向き合い方がソーシャルワーカーという仕事の矜持といいましょうかなんといいましょうか。

というのも、ソーシャルワーカーがやっているソーシャルワークってものが何かって話ですが、ソーシャルワークについて国際定義には次のように書かれているので参考にしてみましょう。

「ソーシャルワークは、社会変革と社会開発、社会的結束、および人々のエンパワメントと解放を促進する、実践に基づいた専門職であり学問である」

これが、ソーシャルワークの定義。ということは、社会変革や社会開発が必要な状況、社会的結束が必要な状況の中で、力を奪われ抑圧されている人などをエンパワメントして解放を目指す仕事ってことなので、スタート時点で結構な人たちが「うろたえ」たり「もがき」をしている状況あるいは「うろたえ」や「もがき」を通過した状況が基本の状態ってところがソーシャルワーカーなど対人援助職の特徴ともいえるでしょう。誇張したいい方をすれば、安心や安全や平和や安寧やといった言葉で日常が満たされている方とはあまり出会う機会がない／少ない仕事といってもいいかもしれません。援助論を専門とされる窪田暁子先生の言葉を借りれば「生の営みの困難」（『福祉援助の臨床』七頁）の只中にいる方々ともいえます。

というわけで「うろたえ」たり「もがき」をしている人たちと一緒に何かをするコトが生業で

あるソーシャルワーカーは、時に「うろたえ」たり「もがき」をも共有することで相手の苦しみをわかろうとする仕事でもあるともいえるでしょう。ここで大切なことは、「わかろうとする」ってことです。

一般的には、あえて苦しさを体験したいという人もあまり多くはないでしょうから、他者が「うろたえ」るようなできごとに出会っていたとしても、逃げたり目を閉じたりできるし、避けることもできるので回避することも多いけれど、「うろたえ」たり「もがく」ことからに逃げださないで、その状況の中にあってやむを得ず「うろたえ」たり「もがく」のではなく、「うろたえ」たり「もがく」ことが起こることも想定しながら向き合っていけるってのがソーシャルワーカーの独特かもしれないと思っているし凄さなんだと思っています。

他者の苦しみがそこに有ることを承知で／他者の苦しみがあるからこそ、ソーシャルワークの必要性を信じてソーシャルワーカーを職業として選択する人も多くいるわけです。そんな仰々しいことを考えるまでもなく、もっとカジュアルに始める人もいるだろうけれど、やっていくうちにハマる仕事です。そういっているわたし自身が相当なカジュアル派でして、なんとなく始めたけれどもやっているうちに抜け出せなくなりました。

時々、「先生はどうして福祉をやろうと思ったんですか?」と学生さんから聞かれたりもしますが、実はその質問が非常に困る。わたしの場合、格好のいい理由は何一つありません。なんとなく。そう。なんとなくやっていたら、いろいろなことを勉強していって、いろいろなことを知っていって、あれにもこれにも巻き込まれ？ていって、結果、こうなっちゃっているだけなので。わたしのようにきっかけはなんとなくって人も結構いるんじゃないかって考えると、まあ、ソーシャルワーカーって結構変わった仕事かもしれないなと思うのです。

で、「うろたえ」ることはソーシャルワーカーだけに起こることでは無く、誰にでも起こる特段珍しいことではないけれど、「うろたえ」とどう付き合うことができるか考え、しっかりと「うろたえ」ることができるってあたりがソーシャルワーカーらしさ？　っていえるかもと思います。

ここで次の問いが生まれてしまうのだけれど、それは、しっかりと「うろたえ」るってどういう状況をいうのだろうってことと、果たしてわたしはしっかりとうろたえることができているのだろうかってこと。

5　できないことはできないけれど

それでは、できないこともあるけれどもそれでもやり続けることを選ばざるを得ない場合、どうすることが相手にとって誠実な態度といえるのだろう。

わたしは「うろたえ」る。そして、「もがき」、自分の不甲斐なさを嘆く。そのうえで、一緒にいることの意味を問い直したり、それでもできること考えてみたり、何もできないからこそ出会える状況から逃げずにそこに居続けることを選択することが多いかなぁ。それが「正解」なのかどうかはわからない。しかし、わたしの中ではそれが「最適解」であると考えているからそうしているのかもしれないな。いや、そうでも思わないと続けてなんかいられない。

当事者と援助者の違いは、当事者はその問題から逃げることができないが、援助者はその問題から逃げることができる点にあると稲沢公一先生は書いています（「援助関係論」一六〇頁）。そして、「援助者とはいつでも逃げ出せることのできる者」ともいっています。確かにその通りだよなと思います。援助者が対応している事柄の多くは、援助者自身の問題ではなくて当事者の問題であるわけだから、援助者はいざとなったら逃げることもできる。そう考えるとわたしは当事者ではないので逃げ出せる側にいるわけです。

しかし、援助者がその問題の中に幾ばくかの当事者性を見いだしたならば、当事者と同等ではなくとも、当事者が抱える問題と暮らしの延長線上に何らかの当事者性のつながりがあることに気がついてしまったとしたら、それはすでに当事者の問題でありつつも、援助者の問題としてそこにあると捉えることもできます。

援助対象と自分、援助対象者の問題と自分の問題を同一視することは援助関係において健康ではないし、ひとり一人の課題はひとり一人の個別の課題であることを承知の上で、誰かの生活上の問題は、どこかでわたしの生活とも地続きでのできごと、つまり、誰かの生活上の課題はわたしの生活上の課題にもなるという視点で捉えたとき、問題によっては逃げられない援助者がそこに現れることにもなると考えてみたのです。

東日本大震災によってもたらされた原発災害は、福島県に暮らすわたしにとって、たとえ原発から一〇〇キロメートル離れていようとも、その問題の質や量こそ避難当事者とは違えども、わたしやわたしの家族の暮らしの問題として否応なしにそこにあったし、今もそこにあります。だって、わたしの暮らす場所は誰かによって「フクシマ」なんてカタカタで呼ばれる土地にされてしまってしばらくたっているわけだし（腹の中ではふざけたことしやがってと思っている）、「フクシマ」は「べクれてる」なんて言葉を使った人もいるし（ふざけたこといいやがってと思っている）、「復興のため」に「福島県産食材を使用しています」なんてわざわざアピールされて、日本国の中でも「トクベツ」な場所として切り取られてしまったのだから、一〇〇キロメートル離れようとも自分たちが暮らす「フクシマ」は日本国の安全な場所とは強烈に切り離されてしまった「特別な場所」なんだという複雑な気持ちを抱かされるわけで……とにかく「福島」を「カタカナ」で「フクシマ」と強調するのは「ヤメロ」と思っています。

そのように考えたとき、わたしは逃げることができない援助者である自分に向き合うことにならざるを得なかったともいえます。「向き合わざる得なかった」というよりも「向き合う覚悟で関わった」といったほうが当時の状況には近いかもしれません。そこに住まう者、ソーシャルワークを専攻している者としての何らかの責任、そういうとカッコつけんなよって陳腐な感じがするけれど、まあそれなりに責任を感じてもいるわけです。それがわたしの弱さでもあるのかな。そう。中途半端な正義感と責任感がわたしの弱さなんだよね。「逃げられる」選択肢を持たない援助者は、同時に「逃げられない」当事者でもあって、援助者としてそこにいるだけではすまないわけでもあります。

そのことは、わたしの中でいつの間にか責任から「気負い」に変わっていきました。気負いは時に力を発揮してくれはしたけれど、同時に不安を連れてきた。気負いながら取り組む活動の中で、どうしても自分にはできないことや知らないことに出会ったとき、わたしはどうしてきたのか。

自分の「弱さ」に出会い、その上で自分の「無力さ」とどのように向き合うことができるのか。ひとり一人が対峙する課題はそれぞれに違うけれども、ソーシャルワーカーとして多くの人が直面する共通の課題であるようにも思います。わたしの場合は先に述べたように「だらしなく」しがみつき「うろたえ」「もがく」ことしかできないのが現状だけれど、さらにそれがソーシャルワークの矜持だとかいいわけがましくて申し訳ないです。

いろいろ考えたけれどもどうしていいのかわからないほどの現実の真ん中で、無力な自分と向き合うことについて、福祉援助臨床について多くの論考を残している尾崎新先生は、著書「現場のちから」の中で次のように書いています。

「クライエント・援助者にかぎらず、いかなる人生にも矛盾や謎、葛藤が存在する。絶対的回答のないテーマ、矛盾に満ちた人生の前で、いかなる人も悩み、無力さを痛感する。この点で、援助者とクライエントは対等である。援助というかかわりはここから始まる」（一九頁）

そして、援助とは「クライエントを助けること、救うことではなく、またサービスや助言を提供することでもなく、まずはクライエントの関係を育て深めることにある。援助は初めから助言、対処、判断、サービス提供などを目指すのではなく、関わりを育て、深めることを目指すべきである」という。そのうえで、助言、判断、現実直面などを伝え合う段階に進むことが原則であり、順序を逆転させてはならないともいっている。

尾崎新先生のいっていることを信じれば、わたしの今のあり様も、ど真ん中ストライクではないかもしれないけれど、とんでもなく外れているわけでもないと思っているわけです。もちろん、いつまでも「無力さを痛感」しているだけではだめだろうけれども、先人たちの言葉を信じて自分のソーシャルワーカーとしての何かをかろうじて保っています。

6　じぶんのなかに「すなお」と「へそ曲がり」を同居させる

先に述べたようにわたしは、あえて正解がないってことを頼りに「うろたえ」ることを選んだけれど、それはそれで苦しいことでもあります。援助者としておののき「うろたえ」ながら、不安が先立つと、自分の実践が本当にそれで良いものか確信が持てずに、何かの正解や共感してくれるだれかを求めたがる傾向が強まってもしまいます。

その時に甘えすぎてしまうのが援助対象者からの賞賛だったりもします。援助対象者にありがとうといってもらうことで、自分の援助に何かしらの正当性や意義を見出そうとすることは、「うろたえ」る援助者であれば渡りに船って感じでもあって、甘い言葉、陥りがちな落とし穴といっても良いのではないかと思うのです。簡単にいえば、頑張ってんだから誰か褒めてくれよ。こんなに頑張ってんのに誰にもありがとうとかいわれない仕事って意味あるの？　とイヤになっちゃっているときに褒めてもらって気が済むってやつです。確かに、先の見通しも持てずに巨大な不安に飲み込まれそうになっている状況に付き合い続けるって、とてもじゃないけれど援助者自身が耐え切れない可能性もあるでしょう。場合によっては、援助者本人が自覚してかしないでかわかりませんが、心身ともに壊してしまうこともあるだろうし。援助者の心身の健康を考えれば、精神衛生上の対処として肯定的な意見を力に変えることも必要だと思います。しかし、援助対象者からの感謝の言葉を心の支えにやりがいとして援助を展開していることに自覚できていない場合、その程度が過度である場合、それは専門職であるソーシャルワーカーとしてあってはならない不健康な援助の形となってしまうことがありますので、援助対象者に感謝される事に依存し過ぎてはいけないでしょう。

ただし、ソーシャルワーカーも人間ですから、自分がやったことに対して、その相手からありがとうといわれることで、自分の活動に肯定的な意味付けをすることは、決して悪いことではないと思います。先ほど述べた不健康な援助者の状態というのは、援助対象者からの感謝をただただ無自覚に受け止めて、それを単に自分のやりがいに結びつけてしまっているという無防備さを不健康であるといったのであって、自分が援助者として援助対象者からの感謝の言葉を力に変えているという自覚を持って受け止めているのであれば、感謝の言葉を自分の力に変えていくことについて前向きに考えても良いと思います。特に先の見えない援助に関わり、「うろたえ」続けるソーシャルワーカーにとって、対象者からの感謝の言葉は、ソーシャルワークを続ける上で、大変な力を与えてくれる魔法の言葉といってもいいかもしれません。ソーシャルワークを構成する要素として、養成テキストの中でも触れられますが、ソーシャルワーカーがいること、クライエントがいること、そして、解決する課題があることは、ソーシャルワークを構成する大切な要素といわれています。この中でクライエントから勇気をもらうことは、ソーシャルワーカーとして決して悪いことではありませんし、むしろ活動の中身がさらに洗練されたり、ソーシャルワーカーが前向きに物事に取り組む準備ができるという意味では大変な力を与えてくれるリソースの一つと考えることもできます。

相手からの「ありがとう」を素直に受けとめる清い心と本当にそうかな？　本当にこれでいいのかな？　という「へそ曲がり」を自分の中に同居させることで、ソーシャルワーカーのバランス感覚を常に意識することも大切だと思います。

ソーシャルワーカーだって人間だもの、困ったときに何かにすがりたいと思うのは自然なことだといってもいいと思うのですが、ありがとうといわれて気が済んで満足して終わりでは、何の足しにもなりゃしないんだけども、やりがちなので、気を付けたいところです。

7　ソーシャルワーク虎の穴

ある時を境にスーパーマーケットの社員（スーパーマン）からソーシャルワークマンへ転身したわたし。福祉の仕事に就いて真っ先に実感したのは自分の学びの弱さでした。まったく弱かった。今も弱いけれど、比べ物にならないほどとんでもなく弱かった。最弱王ってところです。そこで、もっと勉強しようと考えて大学院に行くことにしました。わたしの浅はかなところですが、大学院の具体的イメージも持たないままに受験して入ってしまったのだけれども、結果、学びを広げたり深めたりする時間を過ごすことができたのは確かです。

そうそう、この大学院時代に在籍していた研究室こそが「ソーシャルワーク虎の穴」だったわけです。「タイガーマスクの虎の穴」っていってもほとんどの人には通じないとは思いますが、まあ、「タイガーマスク」「虎の穴」って検索してみてください。

ちなみに、タイガーマスクにおいて虎の穴は極悪レスラー養成所ってことになっています。ソーシャルワーク虎の穴は極悪ソーシャルワーカー養成所ってわけではありませんが、えー！どうしてそこまで？　ってくらいにディープなソーシャルワークワールド全開で、ほかの研究室の大学院生からは、まさしく虎の穴扱いされていたのではないかと思います。なお、今となってはその虎の穴も閉鎖してしまい一〇年以上が過ぎました。わたしが虎の穴最後の極悪ソーシャルワーカー世代になったわけです。あ、極悪じゃないですけれど。

虎の穴こと研究室に入ると鼻先をふっとくすぐる紙巻タバコの香りと煙。そしてコーヒーの香り。いつもこれ。部屋の奥には虎の穴総帥がデーンと鎮座。なんで研究室でタバコすっていたのかよくわからないけど、ＯＫな時代ってことでしょうか。当時はヘビースモーカーだったわたしも一緒に一服でまあ、OK。現場でソーシャルワークをしている虎の穴幹部（先輩方）と席を並べつつも遠慮しつつビビッてゼミに参加していたあの頃がつい先ほどのことのように思い出されます。ああ、懐かしい。今のわたしは禁煙に成功しているけれど、思い出話を書いていたら懐かしくなって一服したくなりました。

虎の穴の総師こと、わたしの指導教員を仮にドクターオーとしておきましょう。ドクターオーは、援助臨床論を専門にされていた先生でした。「病院の階段の踊り場に誰も気にもとめないほど静かに置かれた一輪挿しがあるけれど、あの一輪挿しに花を生けた人は何を思ってそれをしたと思う?」なんてことを本当にしつこく、いや、丁寧に考える先生でした。そのドクターオーのもとに集った先輩方もそれはもうキャラ濃い面々でわたしはビビりまくっていましたが、知れば知るほど、ひと癖もふた癖もありつつ、大変人間味のある人たちで、おかげさまで充実した大学院生活を送ることもでき、ドクターオーをはじめ先輩方には本当に感謝しています。とりあえず、この道で生きると腹をくくることができたのは、虎の穴のみなさんと同じ釜の飯を食ったおかげです。

そんな虎の穴もドクターオーがあまりにも突然に他界され、閉じられました。

結局のところわたしは、博士後期課程在籍中にドクターオーを亡くしてしまったことで、結構なダメージを受けました。そして、大学院に在籍して論文を仕上げるモチベーションが維持しきれなくなってしまいました。本当は自分の力の無さに気が付いていてドクターオーが他界したことをいい訳にしていたのかもしれないけれど、後期課程にしばらく在籍はしていたもののドクターオー研究室から別の研究室に移ることもできずに中途退学してしまいました。あの時から一〇年以上も経ってはいるものの、あの頃のことを思い出すと、今でもなんだかキューンと胸が締め付けられて尻切れトンボのような中途半端な気持ちになるのは確かです。

ドクターオーとの別れ方も含めて、ドクターオー研究室での先輩方との体験が今のわたしの人生の選択に大きな影響を与えているんだろうなと思っています。もちろん東日本大震災が福島県に移住するきっかけの一つにはなっているけれど、虎の穴に入門した経験がなければ、最終的に福島県に移住しようと考えることはなかったんだろうなと思ったりもします。

急に昔話しているけれど、こんなことをいまさら書いているわけは、そう。

縁もゆかりもない場所で、わたしはこんなことなんでしてんだろう。それも、企業内の転勤とかってわけではなくて、自分の意志で会津に仕事を見つけて家族みんなで引っ越して、ここに根を這わせて居続ける。家族を育み、人間関係を育み、わたしの人生そのものを会津の地とともに育み生きている今について振り返ってみたわけです。

というのも、ある人にいわれたんです。

「木村さんって。ドロドロしていたり、そこでうろたえている自分を厭わないように見えるんですよ。むしろ、自らそういう場に身を置くことを望んでいるようにも見えるようにも思うのですが、どうしてなの？」って。

まあ、いろいろ理由はあるんだろうけれど、ソーシャルワークって括りで考えると、大学院時代の体験が中心かなぁと思います。大学院生としても中途半端なまま終わってしまったけれど、なんていったらいいんかな。ドクターオーや先輩方に伝えてもらったソーシャルワークマインドを暮らしの中で実践に変えていきたいなっていうか。勉強の場と研究の場と暮らしの場を地続きの世界として捉えたいというか。

わたしは教員なので、現場に身を置くソーシャルワーカーの方々からすれば「楽してんなぁ」「高みの見物かぁ」って感じかもしれないけれど、それでもソーシャルワーカーのひとりとしてココで気張って生きていきたいとは思っているし、ひろーい意味で資源に乏しい地方におけるソーシャルワーク活動はいわゆるセツルメントに通じるところがあるんではないかと勝手に思っていたりもするわけです。地方の公立短期大学の役割って奥深いのよ。

東北地方にある福島県ですが、それがもうやたらと広いことになっていて、北海道、岩手県についで全国で三番目に広いのです。わたしが暮らしている福島県の会津地方が、またやたら広くて、面積だけで見れば神奈川県や東京都の倍くらい、千葉県や愛知県と同じほどの広さがあります。とっても広い会津地方に家族まるごと移住して暮らして、こんなことをしている社会福祉の大学教員は、とりあえずわたしひとりという感じです。たしかに、人口で見れば、会津全体で二四万人くらいしかいないので、面積ばかり広くて人は少ないのですが、とんでもない田舎？にある唯一の福祉系短大に勤めて、その地に生きてソーシャルワークにかかわる仕事をすることそのものに意味があると考えています。地域の人とおんなじ空を見て、おんなじ空気を吸って、一緒に考える。そう、セツルメント的な。

だから、頼まれればどこにでも行くし、何を頼まれても基本的にＮＯといわないし、二つ返事で安請け合いして後悔ばかりしているのだけれど、大学の教員とかソーシャルワーカーなんて、人に使われてナンボとも思っているので、なんでもＯＫ牧場です。だけどもだけど、地域の人に使われて、きちんと一定の成果を残さなければならないというのも大切なことなので、大学の教員としては研究もしっかりとしないとならないところなのですが、わたしの場合、そこを後回しにしすぎているのがダメダメなところです。ちゃんとやらないといけませんね。福島のみんな、ほんとごめん。

ってことで、だれに頼まれているわけでもないのだけれど、わたしの中では、勝手にドクターオーのご恩に報いたいという思いや、「遺志を受け継いで」的な感じで会津に仕んで教員をやっています。これは、わたしが勝手にそういっているだけなので、木村風情が何いっているだとかいわないでください。お前にドクターオーの遺志を受け継ぐ力量なんかないんだとかいわないでください。格の違いは承知の上ですので。ノークレームでお願いします。自称ってことにしてください。こういっちゃうと、完全なる自己満足以外の何ものでもなくなっちゃうのだけれど、まあ、それはそれということでご勘弁。

8 もうどうしたらいいかわからないってこともそりゃあるさ

どうしたらいいかわからないってことだって、そりゃあるよ。勉強をたくさんして、経験を重ねれば、知っていることや、やったことのあることもたくさん増えるので、対応のレパートリーは豊かになるから、「どうしたらいいかわからない」って頭を抱える回数は減るかもしれないけれど、だからといってなんでもできるってわけじゃない。

そんなとき、どうしたらいいんだろう。

ちゃんと「うろたえ」るって、じゃあどうやればいいのか。一番簡単なのは、誰かに「ちゃんとうろたえるってどうやればいいんだろう」あるいは「自分はしっかりとうろたえられているか」と相談してみればいい。この方法、ひとつ難点があるとすれば、そんな訳のわからない相談にまともに向き合ってくれる相手がいるかってことだろうけれども。

そんな訳のわからない質問をするまでも無く、自分の実践について点検する仕組みを活用すればいい。社会福祉士や精神保健福祉士などの資格を持っていれば職能団体を通してスーパービジョンを活用することができる仕組みが整っているし、そんな大げさなモノはちょっと……という場合でも、話し相手になってくれる仲間がいれば自己点検ができる。愚痴るだけでも、ひとりで抱えて倒れるよりちょっとはまし。また、研修会に参加したりするのも一つの方法でもある。

あとは本。本を読む。本を介して自分と対話する。本を読むなんて面倒くさいっていう人も多いとは思うのだけれど、いろんな人がいろんなことを考えてまとめてくれている本は強力な味方になってくれることは間違いない。って、この本を読んでいる時点で、少なくともあなたは本を読むことを面倒がっている人ではないわけだけれど。あらゆる方法を用いてひとりで何とかできないこともないけれど、自分以外の誰かを相手にした方が、手っ取り早くソーシャルワーカーとしての健康さを維持することはできるだろうと思うの。

とにかく大切なことは、自分の有り様を点検できているかどうかってことだから、その方法はなんでもいい。そう。なんでもいい。何にもしないよりした方がいい。自分の実践に誠実に向き合い続けようと考えて何かしているのなら、それが「公式」であろうとなかろうと、何もしないよりもいい。そうして、さらによい方法があるかどうかと考えていけばいい。そうして、自分により合うより良い方法があれば、より良い方法を取り入れればいい。

クライエントに「慌てなくてもいい、焦らなくてもいい、ご自分の暮らしなのだから、納得のいく方法を一緒に考えていきましょう」と語りかけているときのように、あなたも慌てなくても焦らなくてもいい。

9　それでも明日はやってくる

森羅万象や天変地異や海の向こうの諍い（諍いでは収まらない地球人類の危機）はある日突然やってくるけれど、自分の手の届く範囲でさえもケアしきれない日々の中で、あまりにも多くのことに溺れそうになりながら、それでも今日は過ぎていき、それでも明日はやってくる。

そう。不確実でどうしたらいいかわからないことだらけで「うろたえて」ばかりだけれども、ひとつ確実にいえることがあるとすれば、自分が生きている限り自分にとっての今日は終わり明日が来る。今日とは違う明日には、今日とは違った自分がいて、今日とは違う世界が広がっている。きっと明日のわたしは今日のわたしよりも少しばかりはマシになっているだろうから明日を信じて今日を生きよう。

で、結局何がいいたかったって？

結局、わたしにできることは、自分の暮らしを大切にすることと、出会った人たちの暮らしを大切に思うことくらいしかできないのだけれど、そこからできるだけ逃げないってこと。ちゃんと「うろたえ」るってこと。ちゃんと「うろたえ」ている自分に出会うことのできる仲間や環境をソーシャルワーカーとしての責任において整える工夫をしていること。地球の平和みたいにデカくもないし、かっこよくもない、特別なことでもない小さなことにこだわって、こんな文章を書くこと。勤め先の短大で学生と近所のゴミ拾いの帰りにコンビニに寄り道して、アイスクリームを一緒に立ち食いしてニッコリとしあうこと。そうやって仲間や自分自身を相手にして、自己点検を繰り返しながら日々の歩みを進め続けることで、私の前の道は明日へと続いていく。そして、ミライへと確実につながっていく。

大したことは何一つできてはいないけれど、「違いを共に生きる」（昔、働いていた大学の理念なのだけれど、この言葉、好きなの）ことのできる世界を実現するために自分にできることに向き合う姿勢だけはソーシャルワーカーとして失いたくはないとは思っている。あー、だけど、出不精なのはどうにかしたい。

最後になりますが、ここまでも参考にしてきた尊敬する先生方の著作から、いくつかの言葉をお借りして本章を閉じましょう。

尾崎新『ゆらぐことのできる力』七頁より

「近年、社会福祉は少子高齢化社会を前にして、介護保険などさまざまなサービス・システムを創設し、同時にサービスの総合化と体系化、サービスの効率化と公平化を推進している。また、サービスの効率性と公平性を高めるために、サービスやアセスメントのマニュアル化を進めている。さらに、このような流れに沿うように、援助技術理論の確立を推進し、ケア・マネジメントと、アセスメント、エヴァリュエーション、アドボカシー、エンパワーメントなどの概念を次々と登場させている。現在、社会福祉実践はこのようなシステム化、マニュアル化、理論の確立化を大きな特徴としている。この時代に「ゆらぎ」の意味や力を語ろうとすることに抵抗や違和感を覚えるのは、ある意味で当然のことである」

＊

窪田暁子『福祉援助の臨床』二三三頁より

「二一世紀、社会が大きく変動し、しかもそれらの変動の速度がこれまでの予想をはるかに超えてすさまじい今日、地球のあちこちでのニュースを聞きながら、もう一度わたしたちの日々の仕事を見直してみたい。基本に返りつつ、何事も即断せず、単純な一般化を避けつつも、個別性は他者とのつながりや同質性のゆえに個別であることを忘れずに、思い切った一般論も展開しつつ、特に関連する専門職種の歩みに深く学びながら」

稲沢公一『援助関係論入門』一八二頁より

「今の時代、援助論もまた、多様な実践領域でこうすればよいと勝利に導く方程式でにぎわい、正解のエビデンスを積み重ねて解法がマニュアル化されているようにも見えます。マニュアルによる均質なサービスの提供や、成果主義に基づく効率性の追求に忙殺されて、「人と人との」関係性において芽生える「敗北を認める力」などといった逆説とじっくり向き合う余裕など、もはや失われ始めているといえるのかもしれません」

＊

［付記］

＊本章における「援助」と「支援」の使い分けについて

業界内では、一般的に「支援」を使うことが増えているように思います。言葉の意味として「支援」と「援助」では「助ける」の度合いが一部か全部か、主体の位置づけなどが異なるため、利用者主体って感じで「支援」が用いられているように見受けられます。

確かにそうだよなと思いますので、わたしも「支援」が多く用いられることにはまったく異論はありません。一方で、「援助」も福祉界隈では古くから用いられている言葉です。どちらかといえば、こちらの方が言葉としては相手に対する侵襲性が強めの言葉です。権力的で支配的なニュアンスもにじみ出ています。そのため、あまり好まれなくなったのかもしれません。

お気づきだとは思いますが、本章においては、引用や参考の場合は、もともとの表現をそのまま使っていますし、わたしが書いたところは「援助」を使っています。理由は、次の通りです。

ソーシャルワーカーの行為一切合切が相手に与える「強さ」を「支援」という言葉で薄めてしまいたくない。そのくらい、本章ではソーシャルワーカー自身に焦点を当てて書いているからです。思いとしては「支援」だが、実際は「援助」の場面も多いでしょう。相手に「強い」ことをしている自分たちのソーシャルワークについて、自戒を込めて自己点検することの大切さを実感するには「援助」を使いたかったからです。どんなにマイルドな言葉を使っても、やっていることはマイルドではありません。支援を受ける相手が支援というならばいいのですが、支援をしている人が自分のしていることは支援であって援助ではないといってもなんだかなって感じです。

使う言葉を置き換えて、われわれソーシャルワーカーがやっていることはマイルドです。といっても、本当にマイルドかどうかなんてわからないからです。ましてや、マイルドな言葉を使うことによって、自分たちがやっていることはマイルドなことだというための方便にされても困るからです。本当のことをただ言葉の転用によってぼやかしてはダメです。

ただ、それだけのことです。本当に支援になっていればそれでいいです。ですから、「援助」が苦手な方は「支援」に読み替えていただければいいです。筆者のわがまま。その程度のことです。

※最後に

このシリーズもこれで終わりの予定です。そこで常にわたしの心の支えとなってくださっている二人に本稿をささげたいと思います。こんなやつではありますがこれからもどうか見守ってください。

尾崎新先生（二〇一〇年一〇月　永眠）。

ある時のゼミの帰り道。大学から駅に向かって二人で歩く道すがら「あのぉ……わたしは先生の弟子ってことでいいんですか？」と聞いてみたら、「え？　何をいってるんですか？　木村さんは弟子じゃありませんよ」って返されて、ああそうか……と少ししょんぼりしたのだけれど、すでに教員をしていたわたしを弟子ではなくて一緒に学生を育てる仲間としてみてくださっていたのだと後になって気が付きました。「お互いに一人ひとりの学生とていねいに向きあいたいものですね。よいお仕事を」との言葉は忘れません。

安藤浩則先輩（二〇二一年四月　永眠）。

ジリツ、ソダチの出版イベントに足を運んでくださった尾崎研究室の先輩でとってもくせスゴな人。大学院修了後も先輩として後輩であるわたしを常に気にかけてくださりとても感謝しています。突然の別れはあまりにも悲しくて。今でも急に携帯が鳴って「木村さん、元気？」って声がするのではないか、連絡をくださるのではないかと思ったりします。ソダチ（本シリーズの前書）のイベント時には冗談っぽくはありましたけれども「後輩よ、君は着実に師の遺志を受け継いでいる」といってくださってとてもうれしく思ったことを思い出します。

ここに挙げた二人に限ることなく、多くの人たちの支えがあって、わたしはソーシャルワークにかかわり続けることができています。

ここまで読んでくださった皆さんに感謝します。

「どうもありがとう」

Key Word

うろたえ・もがき・スーパービジョン・自己点検

〔参考・引用文献〕
窪田暁子（2013）『福祉援助の臨床――共感する他者として』誠信書房
尾崎 新（1999）『ゆらぐことのできる力――ゆらぎと社会福祉実践』誠信書房
尾崎 新（2002）『現場の力――会福祉実践における現場とは何か』誠信書房
稲沢公一（2017）『援助関係論入門――「人と人との」関係性』有斐閣
稲沢公一（2015）『援助者が臨床に踏みとどまるとき――福祉の場での論理思考』誠信書房
愛知淑徳大学ＨＰ 理念「違いを共に生きる」 https://www.aasa.ac.jp/guidance/about/vision.html（二〇一三年八月二八日最終アクセス）

CHAPTER 5

ソーシャルワーカーをやめない

「幸せ」な社会になるように

本多　勇

1 「私は、ソーシャルワーカーですか?」……という自問自答

気が付けば、ここにいました

様々なめぐり合わせがあって、今の所属先で今の仕事をしております。二十代から「社会福祉」や「ソーシャルワーク」に直接・間接に関わりながら仕事や実践を続けています。なぜ「社会福祉」や「ソーシャルワーク」に関わるところを選択し、とどまりながら仕事をしているのか、自身のライフストーリーや視点を顧みながら、少し書き記しておきたいと思います。

「私はソーシャルワーカーです。社会福祉士です。」と、自己紹介やSNSのプロフィールでは名乗っていますが、「何をもってソーシャルワーカーなのか」という自問自答でもあります。そんなの名乗ったもん勝ちでは、とも思ったりもしますが、やはり折々問い返してしまいます。

そんな「自分は、なぜソーシャルワーカー?」という問いを透かしながら、これからの社会でのソーシャルワーカー、つまりは「ソーシャルワーカーのミライ」について少し考えてみたいと思います。

『ジレンマ』

本書の共著者二人（木下大生さん、後藤広史さん）を含む当時の社会福祉士会などでのつながりを中心としたメンバー六人で、二〇〇七年に、『ソーシャルワーカーのジレンマ』（筒井書房）を出してもらいました。かれこれ一五年以上も経っています。

『ジレンマ』本にも少し書きましたが、私は大学時代、マスコミやジャーナリストなどの報道関連の仕事に関心がありました。また、少し介護の必要だった祖父やそのケアをしている祖母との同居をしていたり、当時の特別養護老人ホームで管理宿直のアルバイトをしていた経験などから、日本の「高齢化社会」に関心を持ちました。そこで、進学した専修大学社会学コースのなかで「社会福祉」に関するゼミ（ゼミ担当は宇都榮子教授、現・専修大学名誉教授）を選択しました。振り返ればそこが人生の岐路だったのかもしれません。社会福祉のことを多くの人に伝えたい、ということを考え始めました。

大学院に進学する時期、つまり大学を卒業する時期は、「社会福祉で地域社会を変えたい」みたいなことを夢見ていたりもしました。当時、専修大学で労働社会学が専門の北川隆吉教授から「本多君、世の中そう簡単に変わらんよ」と指摘を受けたのを今でもはっきり覚えています（あれは母校専修大学の社会学の修士課程の大学院入試の際でした）。約三〇年経って、北川教授の指摘をよく実感します。

その後、大学院修士課程に進学（東洋大学大学院）し、社会福祉学の基礎的な学びを重ねました。指導教授である古川孝順教授（現・東洋大学名誉教授）が主宰した「社会福祉理論研究会」では、戦後日本の高度経済成長期前後までの社会福祉学の数々の理論について学びました。修士課程修了後は、博士後期課程に在籍しながら、有難いことに大学（栃木・大田原市の国際医療福祉大学）の助手にお誘いいただき、大学教育、社会福祉士養成教育の一端を担うことになりました。当時の助手は、今の助教と違い授業は担当せず、実習配属のバックヤード業務、教員や学生のサポート業務が中心でした。

そこでは、「ジャーナリスト」という職業に就かなくとも、論文や研究（さらには出版）によって社会に対して発信することができること、学生に対する教育実践も「伝えること」の仕事であること、などを実感しました。また、大学の仕事や社会福祉士会の実践のなかで触れる、現場で働くソーシャルワーカーのみなさんの仕事に魅力を感じ始めました。

三〇歳になったのを機に大学退職、実践の仕事に転職することにしました。東京都内の施設（特養）立ち上げ・開設準備の仕事を経て、三鷹市の介護老人保健施設（以下「老健」）太郎（「太郎」が施設名です）に入職し、支援相談員（施設ソーシャルワーカー職）に就きました。ここで、要介護高齢者の方やその家族の方々への支援と、栃木の大学で学んだ「多職種連携」「チームアプローチ」の実践の中に身を置きました。理事長や施設長は医師、看護師チーム、介護福祉士・介護スタッフチーム、そして理学療法士や作業療法士のリハビリスタッフチーム、管理栄養士、事務スタッフ、それぞれの職種が、違うアプローチで高齢者本人の支援について考え、それについての意見を出し合い、ケアプランや支援の体制を検討していくわけです。チームアプローチの「難しさ」とバランス、その面白さを経験しました。また支援相談員はソーシャルワーカーとして入退所・サービス利用の窓口業務や、調整業務を担います。

老健太郎は短期入所を含む入所定員は九〇名です。稼働率維持のミッションもありますが、居室の準備のタイミングと利用希望の方の状況やタイミングで、入所を調整していきます。介護や看護（医療的ケア）の状況でケアチームのキャパシティを超えると、利用者全体へのケアの質の維持が損なわれるリスクもあります。ソーシャルワーカーとして（……肩入れしている本多個人としてなのか）「この方（要介護高齢者のAさん）に老健のサービスを利用していただいて生活支援を行いたい（＝「助けたい」！）」と考えても、環境が整わないとサービス利用につながらないわけです。入所フロアに四名分の空室があったとしても、利用希望者（の待機リスト）にある五〇～一〇〇名の方々「全員」をサービスに案内できるわけはありません。

老健での支援の仕事の「限界」に突き当たり、いろいろモヤモヤしていた時期に、当時の社会福祉士会の仲間（や大学院の仲間）とディスカッションを重ね、「ジレンマ」というキーワードにたどり着きました。これが『ソーシャルワーカーのジレンマ』という本を作ることにつながります。

どうしても「限界」は存在し、残ります。そこで突きつけられる様々な「ジレンマ」はなくならない、ということに気が付きました。

『ジリツ』と『ソダチ』

二〇一一年に、老健太郎（の正職員）を退職し、縁あって専攻開設のタイミングで武蔵野大学通信教育部社会福祉専攻の教員になりました。老健太郎には、週一回非常勤支援相談員の立場で所属が継続しています。

武蔵野大学通信教育部社会福祉専攻は、社会福祉士養成カリキュラムが設定されています。一年次入学のほか、条件が合えば三年次編入や四年次編入も可能になっています。そのため、一度学校を卒業して就職等した社会人学生が多く在籍しています。初めて社会福祉に触れる、社会福祉を学ぶ方ばかりではなく、すでに社会福祉の現場で働いていて、社会福祉士の受験資格を得るために入学される方も多くいらっしゃいます。

どの方々も、仕事をしながら、日常の空き時間にインターネットを使いながら自己学習を行うとともに、受験資格を得るために武蔵野キャンパスで行われる「演習」科目などのスクーリングに参加したり（スクーリングは土日中心です）、実務経験のない場合は仕事や生活のやりくりをつけて約一か月一八〇時間以上（二〇二三年度からは新カリキュラムの実習が開始されて二箇所で二四〇時間以上）の「現場実習」を履修したりしなければなりません。社会人学生の方々の学修や資格取得へのモチベーションの高さに敬意を表します。

こうした中、本書と同じメンバーで、二〇一五年に『ソーシャルワーカーのジリツ』（生活書院、以下『ジリツ』）を、二〇一七年に『ソーシャルワーカーのソダチ』（生活書院、以下『ソダチ』）を出していただきました。

『ジリツ』では、ソーシャルワーク支援の「評価」について考察しました。老健太郎現役時の支援相談員としての業務経験をふりかえりつつ、ソーシャルワーク（支援・実践）の「評価」、ソーシャルワーカー（専門職その人）への「評価」について、クライエント、所属組織、制度や社会システムといった「外側」からの評価と、ソーシャルワーカー自身による「内側」からの評価とに整理し、自立したソーシャルワーカーになるためのスタンスについて論じてみました。

『ソダチ』では、通信教育部での実習教育と学生の経験を念頭に置きつつ、試論的に（やや挑戦的に）ソーシャルワーカーへの向き・不向きについて、ソーシャルワークへの姿勢や構え等から整理し、考えてみました。前提として、おもにクライエントやその環境に対する「無知の知」の重要性について指摘しました。実習教育の中で、学生の皆さんは、自己理解、そのうえでの他者理解、環境への気づき、を段階的に深めていきます。「素人」から「専門職」になっていくプロセスに社会福祉教育の教員としてかかわることについて触れました。

老健・支援相談員の仕事

老健太郎で正職員の支援相談員として勤務していた時期は、施設ソーシャルワーカーとしての業務を日常的に行っていました。介護保険サービスとしての介護老人保健施設の入所サービスや短期入所サービス、通所デイケアサービス等への利用相談・インテーク面談、利用中の方々のケアカンファレンス参加、サービス利用中の調整、苦情対応、退所時の調整、そして利用にかかわる判定に関する会議や、施設の運営等にかかわる会議の参加などを行っていました。

連日、サービス利用の相談の電話を受けたり、フロアでの定期的なケースカンファレンスに参加したり、在宅生活を継続しているデイケア利用の方々のご自宅でのサービス担当者会議に参加したり、入院や他科受診の可能な受け入れ先を探したり、そんな業務を行っていました。利用相談、インテーク面談の際にはプライベイトな個別の状況を聴き取り、自分が所属する施設でのサービス利用が可能かどうかを検討しつつ、施設全体での利用判定会議（自施設で適切なケアが可能かどうかを検討確認する会議）を経て、サービス利用の調整をしていました。サービス利用が開始されれば、モニタリングで状況を確認しつつ、本人や家族とサービス利用の方向性（目標）について検討していました。一人暮らしの利用者であれば、リハビリテーションの見立て（身体状況と環境の評価）を兼ねて、本人と車に同乗し一緒に在宅生活のアパートの見学をしたり、もともと住んでいた住宅の掃除を一緒にしたこともありました。現在では老健でも看取りとしてのターミナルケアを行うことも増えてきましたが、当時はターミナルケアを行うことはほとんどありませんでした。とはいえ、中には急変で亡くなってしまう方もいました。その際は、死亡退所の対応（葬儀屋さんとの調整など）をすることもありました。

施設勤務時は、利用者（クライエント＝高齢者ご本人）とその家族の「生活」や「生命」を、直接的に支える仕事をしていた実感がありました。それゆえ、実践上どうにもならない状況で「ジレンマ」を感じることも多かったように思います。

2　社会福祉の教員もソーシャルワーカーなのでしょうか？

大学教員に転職しました

二〇一一年度春、現在所属している大学の通信教育部（＝社会福祉系大学）にメインの勤務先を移した際、クライエントの「生活」や「生命」にはほとんど介入せず関わらないことに、それまでの施設ソーシャルワーカーの仕事（での緊張感？）とのギャップを感じました。大学という場での直接のクライエントや利用者は、学生一人一人といえます。

通信教育課程の大学では、入学・編入する学生一人一人によって学びに対する動機や目的・目標が異なること、大学や教員への関わりの濃度が異なることなど、連日学生と交流のある通学課程の大学とは学生との距離感がずいぶん異なることも感じました。日常的に学生との直接的な関わりはなく、関わるタイミングとしては、通信教育のシステムを介して提出されたレポートを採点する際、演習科目や実習指導科目のスクーリング時に直接学生に指導する際などです。

学生の平均年齢は四十代で、すでに仕事をしている方々が多いので、二〇歳前後の学生たちのような学生生活を送っている人は多くないといえます。社会福祉領域の実践の仕事を行っている学生、家族が社会福祉の支援を受けたことのある学生、子育て経験や介護経験のある学生、そして定年退職を迎えて新たなステージでの実践を模索している学生も、数多くいます。

大学の教員は学生個人の生活の課題について、直接的に「支援」することはほとんどありません。授業外で卒業後や社会福祉士資格取得後のキャリアについて話したり、求人情報を紹介したりすることもありますが、直接的な支援を行うことではありません。それは、通信教育課程も通学課程も同じかもしれません。

社会福祉の教員のしごと

社会福祉の教員のしごと（通常は「仕事」ですが、勤務時間や業務以外の個人的なタスクやミッションで行うことも含めて「しごと」とひらがな表記にしてみます）を整理してみます。私の所属は「社会福祉系大学」の「通信教育課程」ですので、やや偏りがあるかもしれません。

一つ目として、学生に対して、社会福祉やソーシャルワークについて、歴史や理論、倫理、視点、知識、技術の基礎などを伝える（教える）のが、中心となる本来業務といえます。つまり社会福祉領域で働く後進への教育です。授業での講義や演習、授業準備（システムへのコンテンツ設定、動画等の撮影など）、ソーシャルワーク実習の準備指導・実習中のスーパーバイズ・事後指導などが含まれます。

二つ目に、実習関連の配属調整、学生と実習先施設との調整があります。配属調整等は組織内で役割分担して他の教員（同僚）が行うこともあります。実習先施設の実習指導者（ソーシャルワーカー）とともに訪問指導時に学生への指導を行います。そのための訪問指導の予約・日程調整を行ったり、学生が実習先施設でトラブルを起こしてしまったときなどは、その事後対応で連絡したり直接訪問することもあります。

三つ目は、社会福祉領域やソーシャルワーク領域の研究・調査と、その成果の社会的発信です。自身の関心領域について、歴史的な議論を整理したり、アンケート等の量的調査やインタビューや参与観察等の質的調査で実践の状況を分析したりするなどして、実践や理論の知見を重ねるということです。その知見や結果を、学会での発表や、論文・著書執筆などで発信し、拡げていきます。

そして四つ目は、所属大学・学校の学内（組織内）の調整業務です。カリキュラムの設定・修正、そのための方針等の設定、人事や案件の調整・処理、会議や委員会等への出席、等が挙げられます。組織内の立場や役職等によっては、直接的に社会福祉・ソーシャルワークと関わりない領域のしごとも含まれます。

このほかにも、所属外・学外の仕事として、（1）他の大学・学校の非常勤教員としての仕事、これらは所属校の仕事内容と重なります。学校以外では、（2）社会福祉法人やＮＰＯ法人等の役員・外部委員としての、理事・監事・評議員等の組織運営の仕事、（3）行政の計画策定等の委員会委員や社会福祉協議会等の委員会委員等の仕事、国家試験などの作問・試験委員の仕事、（4）専門職教育の一環としてのさまざまな団体での講演・研修等の講師やお手伝いの仕事、（5）ソーシャルワーク実践・社会福祉領域の非常勤職員としての組織内業務の仕事、などが挙げられます。

学内の仕事と学外の仕事、教育の仕事と実践の仕事、が縦横に組み合わされると、結構忙しい状況になります。

社会福祉の教員は、ソーシャルワーカー？

社会福祉の教員のしごとは、ソーシャルワークのしごとといえるでしょうか。

整理してみると、社会福祉の学校の教員も、その内容にソーシャルワーカーっぽい調整業務は含まれています。「ソーシャルワーク専門職のグローバル定義（IFSW & IASSW 2014）」（以下、「グローバル定義」でも、「実践に基づいた学問」もソーシャルワークとして位置付けられています。そして、「生活課題に取り組みウェルビーイングを高めるよう、人々やさまざまな構造に働きかける」ことも社会福祉の教員のしごとに重なります。社会福祉の教員のしごともソーシャルワークのしごとに含まれる、といえそうです。

【ソーシャルワーク専門職のグローバル定義】

ソーシャルワークは、社会変革と社会開発、社会的結束、および人々のエンパワメントと解放を促進する、実践に基づいた専門職であり学問である。社会正義、人権、集団的責任、および多様性尊重の諸原理は、ソーシャルワークの中核をなす。ソーシャルワークの理論、社会科学、人文学、および地域・民族固有の知を基盤として、ソーシャルワークは、生活課題に取り組みウェルビーイングを高めるよう、人々やさまざまな構造に働きかける。

この定義は、各国および世界の各地域で展開してもよい。

（国際ソーシャルワーカー連盟〔IFSW〕・国際ソーシャルワーク教育学校連盟〔ASSW〕〔2014〕）

学問や人々・構造に働きかけるソーシャルワークを行う専門職を「ソーシャルワーカー」とす

るならば、社会福祉の教員＝ソーシャルワーカー、といっても良さそうです。クライエントのミクロな生活に介入することはなくとも、よりメゾからマクロに近い領域に主軸を置くソーシャルワーカー、ということでしょうか。

逆説的に考えれば、単に社会福祉学科で学生を教えたり、社会福祉に関する研究や仕事をしていても、「社会変革、社会開発、社会的結束、人々のエンパワメントや解放を促進」させるような領域の学問でなかったり、業務が「生活課題に取り組みウェルビーイングを高めるよう、人々や構造に働きかけ」るものでなかったりするならば、ソーシャルワーカーと呼ぶには少し不十分のようにも思われます。

3　社会福祉とソーシャルワーク、しあわせ

社会福祉とソーシャルワークの整理

順序が逆になりましたが、社会福祉とソーシャルワークの使い分けについても、折々気になっています。社会福祉とソーシャルワークは一体的に、時にグラデーションのように取り扱われています。古川孝順の整理によれば、次の通りです。「社会福祉」は、社会福祉と呼ばれる社会的な事象、社会福祉にかかる政策、制度、支援の総体を指す概念として捉え、一方、「ソーシャル

ワーク」は、そのような社会福祉の内部に組み込まれて存在しつつ、政策や制度の運用、運営の過程、そして支援の実践の過程に密接にかかわる理論や技術の体系として位置づけています（古川 2023: 9、傍線筆者）。「社会福祉」は社会的事象、政策、制度、支援の総体、『ソーシャルワーク』は制度の運用・運営の過程や支援の実践の過程に関わる理論や技術、と整理されています。「社会福祉」は、第二次世界大戦後に制定された日本国憲法（一九四六年）の第二五条の第二項に「社会福祉（social welfare）」が現れます。社会福祉は、文字通り「社会」と「福祉」に分割できます。「福祉」は（福という字も、祉という字も、ともに幸福の語義があり）「幸福、しあわせ」の意味である、と説明されます。「社会（全体）」の「福祉（しあわせ）」と、「社会」のなかでの（一人一人の）「福祉（しあわせ）」の両方の意味ととらえられます。

社会福祉士・精神保健福祉士とソーシャルワーカー

社会福祉士あるいは精神保健福祉士＝ソーシャルワーカー、と捉えられることがあります。本書を共同執筆しているメンバーは、それぞれ社会福祉士や精神保健福祉士の国家資格を持ち、さまざまなアプローチで社会に働きかけています。上記でも、社会変革・ウェルビーイングを高めるために人々や社会構造に働きかけている、そんな社会福祉の教員はソーシャルワーカーに含まれそうなことが確認されました（われわれ執筆メンバーは、あらためてソーシャルワーカーです、と名乗れそうです）。

上記古川の整理から、制度の運用・運営の過程や支援の実践の過程に関わる理論や技術がソーシャルワークである、ということは、制度の運用・運営や支援の実践を行う人がソーシャルワークする人、すなわちソーシャルワーカーとも言えそうです。しかし、われわれはすでに「ソーシャルワーク専門職グローバル定義」（二〇一四年）と「ソーシャルワーカー（社会福祉士）の倫理綱領」（二〇二〇年、以下「倫理綱領」）を持っています（「ソーシャルワーカーの倫理綱領」は日本ソーシャルワーカー連盟〔ＪＦＳＷ〕、「社会福祉士の倫理綱領」は公益社団法人日本社会福祉士会）。特に倫理綱領においては、原理やクライエント、組織・職場、社会に対する倫理責任や専門職としての倫理責任について遵守することを誓約して、ソーシャルワークに携わる者を「ソーシャルワーカー」（あるいは「社会福祉士」）と限定しています。

どんなしごとをしている人が、ソーシャルワーカーなのでしょうか。大まかには「倫理綱領を遵守することを誓約してソーシャルワークをしている人」がそれにあたる、と限定できますが、社会福祉の領域にはさまざまな形で働いている人がいます。いくつかパターンを挙げてみましょう。

社会福祉法人や医療法人、ＮＰＯ法人など社会福祉に関連する法人で働いている人は多くいます。組織・法人・施設のなかで社会福祉士試験や精神保健福祉士試験の受験資格での実務経験が認められる職種は（公的に）「相談援助」の仕事といえそうです。一方、他職種（医師、看護師、リハビリテーション専門職、介護職、栄養士など）は社会福祉の領域の中で働いていてもソーシャルワーカー職とは言いにくい場合もありますが、直接支援職（看護、介護、保育など）でも、変革したりエンパワメントしたりソーシャルワーカー的な業務を担っている人も多そうです。

介護福祉士や保育士あるいは公認心理師などの資格を持ち、知識と技術が必要な相談支援の業務を担っていて、社会福祉士や精神保健福祉士ではない人。こういうパターンの方も多いと思います。倫理綱領に触れずに業務にあたっている人も、なかにはいるのではないかと思われます。また、社会福祉学を基盤とした社会福祉士養成・精神保健福祉士養成のカリキュラムの学修の課程を経ていない場合は、体系的な知識や技術ではなく、体験的な知見に依存していることもあり得ます。リカレント教育、リスキリングで実践力が強化される方々です（そんな方々には、是非資格取得を目指していただきたいところです）。

また、組織に属していなくとも、倫理綱領遵守を誓約し、地域の中で個人として制度の運用や支援を行い、実践を行っている人もソーシャルワーカーと言えるでしょう。

そもそも社会福祉士・精神保健福祉士はソーシャルワーカーなのか

逆に、社会福祉士や精神保健福祉士資格を持っていても、倫理綱領遵守の誓約ができていない人は、ソーシャルワーカーである、とは言いにくそうです。社会福祉領域の組織内で、「相談支援」の業務役割を担っていたとしても、倫理綱領に謳う価値に沿い、さまざまな倫理責任が伴っていなければ、ソーシャルワーカーとは言えません。

倫理綱領の各倫理責任と相反する内容を記述してみましょう。例えば、クライエントを個別的な尊厳ある存在として尊重できない、支援者側の利益を最優先に考える、クライエントを受容しない、説明責任を果たさない、差別・虐待がある、社会的排除がある、同僚や多職種への敬意がない、社会への働きかけをしない、専門性の向上に努めない、権限の乱用を行う……などなど。イヤな気持ちにさせられる内容になりますが、もしかするとそんな仕事をしている「相談支援職」が地域や周りにいるかもしれません。マニュアル通りに「支援計画」を立てる、他の利用者と同じ「支援計画」を当てはめる、という仕事だけではソーシャルワーカーとしての仕事と言えません。

そんな同僚がいたとしても、ソーシャルワーカーのわれわれは、「Ⅱ 組織・職場に対する倫理責任」の一つ「3（倫理綱領の理解の促進）ソーシャルワーカーは、組織・職場において本倫理綱領が認識されるよう働きかける」ようにするミッションがあります。

資格を所持したうえで、倫理綱領の遵守の誓約ができて「ソーシャルワーカー」であると言えます。資格（社会福祉士、精神保健福祉士）を取得しただけではすなわちソーシャルワーカーだとは言えない、逆に資格を持っていなくとも倫理綱領遵守の誓約のうえで制度の運用・運営や支援の実践を行っていればソーシャルワーカーと言えそうです。

『ソダチ』のなかで、ソーシャルワーカーの「向き・不向き」に言及したことがあります。マルチタスクでクライエントやコミュニティに個別対応したり、ソーシャルアクションをしたりしなければならない実際の業務（特に個別支援、ミクロソーシャルワーク）は、複雑なものです。

社会福祉・ソーシャルワーク支援の方向性

「グローバル定義」や「倫理綱領」からも、ソーシャルワーカーのしごとは、社会変革・社会的包摂の実現、人々のエンパワメントと解放の促進、平和の擁護、人間の尊厳と人権の尊重、社会正義の実現、集団的責任のある社会の実現、多様性尊重、全人的存在としての認識、といったように人々のウェルビーイングのために社会的構造に働きかけるものであることは明らかです。

社会福祉は、社会全体の幸せと、社会における一人一人の幸せの両義がありそうだとも指摘しました。いずれにせよ、ソーシャルワーカーには、社会全体とその構成員である一人一人が幸せになるように働きかけるしごとが期待されています。

法律に絶対的な価値があるとは言いきれませんが、我が国の現行の社会福祉法では、次のような条文があります。

【社会福祉法（抜粋）】　※傍線筆者

（福祉サービスの基本的理念）

第三条　福祉サービスは、個人の尊厳の保持を旨とし、その内容は、福祉サービスの利用者が心身ともに健やかに育成され、又はその有する能力に応じ自立した日常生活を営むことができるように支援するものとして、良質かつ適切なものでなければならない。

（地域福祉の推進）

第四条　地域福祉の推進は、地域住民が相互に人格と個性を尊重し合いながら、参加し、共生する地域社会の実現を目指して行われなければならない。

（以下略）

キーワードとしては、クライエントそれぞれの「個人の尊厳の保持」と「心身ともに健やかな育成」と「能力に応じ自立した日常生活を営むこと」、それらへの「良質・適切な支援」、「（地域における）人格と個性の尊重」、「参加と共生（する地域社会）」が挙げられます。クライエントや地域住民が、それぞれあるがままに尊重されて、健やかで自立した生活が実現できる方向性の支援が求められています。事故や疾患、生活の中での環境の障害から支援が必要になったクライエントが、より質の高い生活に再構築されるよう、ソーシャルワーカーを含む支援者は働きかけます。

「幸せ」とはなんだろう

社会福祉が社会全体の幸せと、社会における一人一人の幸せの両義だとしたときに、「幸せ（しあわせ）」とは何か、という問いが出てきます。

国語辞典（三省堂『新明解国語辞典（第7版）』二〇一二年）では、「幸せ（しあわせ）」は「その人にとって幸運（幸福）な状態であること」、「幸運」は「物事が偶然に自分にとって都合のいいように運ぶ様子（こと）」、「幸福」は「現在（に至るまで）の自分の境遇に十分な安らぎや精神的な充足感を覚え、あえてそれ以上を望もうとする気持ちをいだくことも無く、現状が持続してほしいと思う（こと）」とそれぞれ説明されています。

グローバル定義の中に、「ウェルビーイング well-being」というキーワードがあります。一九四六年の「世界保健機関（WHO）」憲章の前文の健康に関する宣言の箇所にウェルビーイングが登場し、日本語訳では「（社会的）福祉」や「満たされた状態」とされています。直訳すれば「良い状態でいる」ということです。ちなみに、筆者の所属する大学のブランドステートメントは「世界の幸せをカタチにする。」です。こちらの英訳では「Happiness」を採用しています。

「幸せ（幸福）」は、国語辞典的には「安らぎや充足感を感じて、現状が続いてほしい」状態、ということになります。自分の生活の中で、実感を伴って「幸せだ〜」と思う時間（瞬間）は、少しバリエーションがありそうです。

時間のスパンが短い順に、まず「幸せ」を感じる瞬間、感情に溢れる一瞬です。例えば、疲れた身体や冷えた身体で温泉に浸かって癒された瞬間、汗をかいて喉が渇いた状態で冷たい水（冷たいビール？）を飲んだ瞬間、ずっと欲しかったモノ（クルマ、楽器、本、ゲームなど……資格や学校の合格も含まれるかもしれません）を手に入れたとき、などです。

次に、「幸せ」な気持ちや気分が継続的に続く時間です。数日続くこともあります。例えば、休みをとれて温泉に行けてリラックスできたから仕事を前向きにがんばれそう、美味しいものをご褒美に食べに行けたから元気に過ごせそう、欲しかったモノに毎日触れられていつでもドライブ／練習／ゲームできる環境になって嬉しい、みたいなことです。「幸せ」なことを見つけたり、「幸せ」気分になったりするのが得意な人もいれば、少し苦手・下手な人もいるかもしれません。

そして、「幸せ」を実感している状態がより長期間にわたっていること。例えば、健康が続いていて幸せだ、よい友達がたくさんいて幸せだ、好きな仕事に就けて幸せだ、住みやすい地域に暮らせて幸せだ、丁寧な看護や介護をしてもらえて幸せだ、よい家族に囲まれて幸せな人生だ……など。そこに至る生活の状況だけでなく、本人の性格・思考の傾向・人生観なども関係してきます。また当然ながら生活環境や社会の状況・情勢も大きく影響してきます。

自然災害やパンデミック、そして戦争などは、「幸せ」を実感することに大きな影響を与えるものです。二〇一一年に起きた東日本大震災・原発事故、二〇一六年の熊本地震、二〇二〇年からの新型コロナパンデミック、そして二〇二四年元旦に起きた能登半島地震などが想起されます。国外を見てみれば、二〇二二年に始まるロシア・ウクライナ戦争、二〇二三年から始まるパレスチナ・イスラエル戦争など、平和な生活を破壊するさまざまな地域紛争・戦争には心が痛みます。

前野隆司は、ダニエル・ネトルの議論を引用し、幸せは「長続きしない幸せ」と「長続きする幸せ」に整理しています（前野 2013）。前者の「長続きしない幸せ」は、周囲の比較により満足を得るような「地位財（positional goods）」です。金銭欲、物欲、名誉欲に基づいて、金、モノ、地位を得たときの幸せです。個人の進化や競争には重要とされる一方で、すぐにさらに大きな財が欲しくなり、「フォーカシング・イリュージョン（幻想へ焦点を合わせてしまうこと）」が起き、「誤った幸せのループ」にはまってしまう、と指摘しています。

一方、「長続きする幸せ」は、他者との相対的な比較に関係なく幸せが得られる「非地位財（non-positional goods）」です。健康、自主性、社会への帰属意識など、心的な要因による幸せです。個人の安心・安全な生活のために重要であるとされています。そして幸せの心的な要因として、四つの因子を提示しています。すなわち、①自己実現と成長の「やってみよう！」因子、②つながりと感謝の「ありがとう！」因子、③前向きと楽観の「なんとかなる！」因子、④独立とマイペースの「あなたらしく！」因子、です。前野は、この四つを持っていたり、実践したりすることで「幸せの好循環ループ」が築けるとしています。

ソーシャルワーカーは、少しでもクライエントが「長続きする幸せ」を実感できるような関わりや後押しをする、とも言えそうです。

4　毎日の暮らし、生活のなかで

人はみんな「自分」を生きている

私は、いや人は誰でも、「自分」という内側から見て解釈する「世界」を生きています（「生活世界」とか「意味世界」ということもあります）。自分自身の経験は、自分自身で知覚し、感情を呼び起こし、記憶に刻まれます。自分の得意・不得意、好き・苦手（キライ）、関心あり・なし、そして社会や環境から期待される役割も、生活行動の選択に影響しています。生活の中で触れる情報やさまざまな経験、そしてその際の感覚が、その後の進路に影響を与えます。

ふりかえると、私が社会福祉・ソーシャルワークの領域を選択したことに影響を与えている経験がいくつもあります。まず、母が知的障害者入所施設で栄養士の仕事をしていたことが関係していると思います。母が（私自身が幼児のころ）出産退職以前に働いていたその施設のバザーイベントに私を連れていったときのこと。幼児の私をちやほやしてくる障害のある利用者の人たちが怖くて堪らなかった記憶があります（大人になって「怖さ」は解消しました）。これは原体験の一つかもしれません。

私の父は、私が一二歳（小六の三月）の時に急逝してしまい、その後は、栄養士の資格を持つ母が自宅近くの高齢者福祉施設（特養）で働いていました。平成初期のちょうど「ゴールドプラン（高齢者保健福祉推進一〇か年戦略）」（一九八九年）が策定された時期に開設した施設です。「措置時代」の特養ということになります。その開設間もない施設を見学させてもらった記憶があります。

同時期、母方の祖父母と一緒に暮らしていました（中一の四月以降）。祖父は脳梗塞を患い、左半身麻痺の後遺症がありました（少し感情を抑えられないことも）。祖母が（時々母も）生活のサポートをして自宅で暮らしていました。同居が始まって六年半、亡くなるまでほぼずっと自宅にいました。

大学生の時は、母の勤務するその特養で夜間宿直のアルバイトをさせてもらい、「認知症高齢者」に接触することができました。まだ「痴呆性老人」と言っている時代でした。夜の時間に事務室で待機していると、何度も何度も自分の居室から事務室に来るおばあさん（女性利用者）がいました。「息子のところに帰るので電話して迎えに来てと伝えてください」と訴えるのです。大学生の私は教えられたように対応して（説得して）部屋に戻ってもらうのですが、一・三分すると、また同じ話をしに来る。対応に困りました。これも原体験の一つです。こうしたことがあって、大学で社会福祉のゼミに所属したのかもしれません。

夜間宿直の対応中に、夜勤の介護職の方々からいろいろ仕事のことを教えてもらうことができました。同時に、生活指導員（今は生活相談員ですね）という「何でもする立場」の仕事があることも知りました（ソーシャルワーカーという言い方はピンと来ていなかったかもしれません）。

社会福祉とは少し外れますが、栃木で仕事をしていた時期（二十代後半）に大きな病気をした、という経験も大きいかもしれません。口腔ガンができてしまったのです。二か月近くの入院中、一二時間以上の大手術を受けたり、鼻腔栄養で一か月を過ごしたり、抗がん剤投与を含む治療をしたり、退院後も一〇年近く定期健診を重ねていました。人は急に大きな病気に罹ったり、事故・アクシデントに遭ったりして、生命の危機を迎えることがある、ということを実感したのです（私のガンは手術によって危機的なことはなくなったので有難いことでした。手術しなかったら転移して危なかったようです）。

家庭を持ち子どもが生まれました（二〇〇七年生まれの男子と二〇一五年生まれの女子）。彼や彼女は、二人とも〇歳児から保育園に通うことになり、私たちは児童福祉サービス利用者となりました。その後、小学校・中学校へと進み、地域のコミュニティは子どもや子育て家族を中心に成り立っているものが多いことにも気づきました（保護者会やＰＴＡ、子どもの見守りボランティアなどです）。

このようなさまざまな経験・体験のあった自分が、その折々で大学で社会福祉のゼミに入ったり、大学院で学びを深めたり拡げたりしながら、ジャーナリストを志望したり、実践現場で働いたり、大学教員になったりして、今に至っています。この間、多くの人と出会い、つながりが太くなった方もたくさんいます。そしてつながりの頻度や意識が細くなった人もいます。ふりかえれば、別れもずいぶん経験しています。

「自分」の生活

そのような経験を重ね、さまざまな縁や繋がりで役割を与えられ、仕事や実践を含めた自分自身の生活が、今ここにある・生きている、という現実があります。一日一日が過ぎていきます。毎日の生活が展開されていきます。日々の暮らしが重ねられていきます。

毎日の暮らし（生活）には、日常的な習慣のようなルーティン（日課）があります。朝時間の起床、朝食の準備や身支度、出勤や登校の準備……会社や学校での仕事や勉強の時間、趣味の時間、昼食の時間……帰宅して、入浴や夕食、リラックス時間、就寝準備、そして就寝……。その中でも、家事などの役割分担、一人暮らしか家族と共に住むか、さらには育児や介護などを行っているかどうか、によっても負担が違ってきます。担っている職種や仕事の形態、あるいは暮らしている環境によっても大きく異なってきます。出勤する日とオフ（休み）の日でも日課は違ってきます。

どんな状況においても、生理的欲求として人の生活に最も重要な、食べて飲んで（栄養と水分を摂る）、寝る（睡眠を摂る）、という行為（日課）に、生活全体と健康状態の維持は支えられている、といえます（もちろん、お風呂〔清潔〕やトイレ〔排泄〕も大事です）。

生活の中には、家族を含めた近しい人との日常的な会話や行為などのやりとりがあります。安定的な関係性か、攻撃的・対立的な関係性か、で会話や行為のやりとりの形も変わってきます。自分の感情の状態が影響してきます（もちろん相手の感情の状態も大きな影響を与えます）。同じことを伝えたり聴いたりするのに、リラックスしているときと、心身が疲れているときと、相手とケンカしているときでは、会話も行為もそのあらわれ方が違ってきます。

日課や感情には、生活を支える条件も影響を与えています。給与所得などの収入や資産（使えるお金）の条件、やらねばいけない日課やしごとの量・時間、しごとと趣味・遊びのバランス、身体的・精神的健康や安定の状況なども関係してきます。当然そこには身体的・心理的ストレスの影響もあります。

「自分」の生活を「標準」として、他者との関係性を構築したり維持したりしています。

「他者」の生活

当たり前のことではありますが、自分以外の人は、みんな他者です。人の個体や人格としては別です。血縁があっても、長年同じ家に住んでいたとしても、自分の家族だって、他者です。同じ家に暮らしている家族や、同じ施設や寮に暮らす入所者（同僚や学友など）は、生活日課や食べるもの、使う調度品・施設がほぼ同じことがあります。同じ時間・空間にいても、感じたり考えたりすることはそれぞれ違っています。生まれて間もない乳児や、意思疎通が難しい状況での介護の必要な人と、非言語コミュニケーションで同じような感情を表情などで伝えあうこともありますが、それでも感じている人は、別の人です。

同じ家に住む家族同士の場合、特に同居していたり、子育ての最中であったりすると、それぞれの生活に介入することは多くあります。挨拶しなさい、何時に起きなさい、食事・栄養をバランスよく摂りなさい、部屋・環境を綺麗にしなさい、早く寝なさい、スマホの使い過ぎはやめなさい、家事を手伝って、連絡をして、などなど。逆に介入されることもしかり、です。保護者（親）である自分が、乳幼児や学齢期（いや、中高・大学生、成人しても？）には、子どもの生活やその習慣に介入して、成長を促し後押しするとともに、社会化への教育・指導をします（子どもに反抗されることもしばしばです）。もちろん経済的基盤の共有も重要です。

家族以外の他者だと、生活への介入のレベルはずいぶん違ってきます。生活そのものは、本人のものだからです。経済的基盤や住居・居住空間の共有はまれです。基本的に、生活の展開や拡がりや、本人（およびその家族）の持つ条件の下での「自由」選択の範囲内において営まれます。

誰かの生活に他者が突然介入することは、時に脅迫や暴行、監禁、不法侵入などの犯罪になることさえあります。社会福祉施設や医療機関の中では、虐待や身体拘束となります。

本人の生活の「自由」の範囲は、社会的な安定や本人以外の他者の生活を脅かさない範囲で、ということになります。(本人以外の)他者のもつ権利を侵害するような行為は犯罪になることもあり、公権力による介入が行われます(逮捕されたり、措置入院となったり、一時保護となったり……)。「健康で文化的な最低限度の生活」に足りていない場合も、職権による生活保護の支給など公的に介入が行われます。家族内で虐待を受けている場合に、一時保護されたりします。

また、そこでその人が何を感じるか考えるかは、本人次第です。他者による影響はあり得ても、介入まではできません(長期間かけて、性格や適応、感情の表出の形を変えることはあるかもしれません)。何を感じ、考えているかについては、「他者」本人が表出する行為・行動・態度や発言・表現、表情などから、「自分」が分析・考察するしかありません。自分以外の他者の思考や思想、感情は、本人の内側、ブラックボックスです。

ソーシャルワーカーによる他者の生活への介入

個別支援、ミクロソーシャルワークの実践のなかで、ソーシャルワーカーとしての「自分」が、クライエントである「他者」の生活への介入を行う、というのは難しさが伴い、バランスが求められそうです（個別の地域コミュニティへの介入、メゾソーシャルワークの実践も同様かもしれません）。

家族でも親しい友人でもないのに、本人の自宅に訪問したり、生活のあれこれや今後の生活の希望などを訊いたりするのは、クライエント本人にとって生活への「介入」です。場合によっては「侵略」のように思われるかもしれません。関わる初期のタイミングで、ソーシャルワーカー（支援者）の役割やできること・できないことなどを説明したり、契約に関連する「重要事項説明」をしたりする場合も多くあります。ただそれは、権利関係やサービス利用に関わるいわば事務的なことで、むしろ重要なのは、（ある程度の）「信頼」や「依存」のような感情・思考の側面です。

社会福祉のクライエントは、「社会的な役割」を負った「社会人（組織人・企業人）」ではなく、（社会人としての役割がオフとなっている）生身の存在としての「生活者（生活人？）」です。「生活者」は、「社会人」としての仮面がはがされた状態だと言えます（自宅でオンライン・テレワークの仕事をするときの難しさは、これに関連しているかもしれません）。性格や行動・思考、そして感情は「素」の部分が出ます。個人的な人間関係は、強い信頼や愛情でつながりあっています。家族であれば「血縁」がその紐帯（つながりを持たせるもの）となっていることもあります。時に「素」や「生身」で家族同士がぶつかり合い、憎悪が生じる場合もあり得ます。

クライエント本人の「生活」の場に介入するソーシャルワーカーは、仕事なのに「生活者」としてかかわりを期待されることもあり得ます。時には、「共に生活をする人」「共に暮らす人」のような存在にならないと、クライエント本人から受け入れてもらえない可能性があります。そこには、ソーシャルワーカーの自己開示が求められることになりますから、どこまで「開示」可能なのか、ソーシャルワーカー自身がある程度の線引きをしておく必要がありそうです。

事務的で三食提供されて安心して暮らせる「保護施設」よりも、感情の起伏が激しくて時にＤＶで手をあげてしまう「パートナー（彼氏?）」を頼ってしまう、そんな事例は、もしかすると社会福祉の保護や支援が「共に暮らす人（存在）」ではないと思われているから、なのかもしれません。

ソーシャルワーカーの視点とアセスメント

ソーシャルワーカー（である自分）が、他者であるクライエントに、支援者の立場で関わろうとする際、クライエントと支援に必要なある程度の信頼関係を構築し維持するとともに、クライエントがどういう状況にあるかのアセスメントを行います。

ソーシャルワーカーは多職種チームアプローチのなかでも、社会的関係や生活全体に関わる支援の領域を担当する、といえます。クライエントが、どのような社会的環境の中で生活を営んでいるか、その中の課題は何か、どのような思いや希望を持っているか、など本人や家族など関係者から面接等でヒアリングしたり、状況を観察するなどして、クライエントの状態や状況を立体的に把握する必要があります。ツール（道具）として、ソーシャルワーカー（社会福祉士）が用い

図　すべてライフ（Life）。生命、生活、人生。（筆者作成）

るさまざまなアセスメントシートの様式が共有されていますが、共通するのは、生活（そして生命や人生）の立体的把握、ということです（【図】参照）。

ソーシャルワーカーの「自分」が、「他者」であるクライエントの生活を把握する際は、アセスメントツールに頼ることはあっても、最初の理解のモノサシ（標準）は、自分の経験してきた生活の形、ということになります。クライエントの生活（や思考）に入り込むことはできませんから、ソーシャルワーカー（支援者）の見立て・分析や予測が含まれることになります。その際、支援者側の思い込みや偏見でエフェクトがかかっていないか、支援者主導になってクライエントの意向と異なったものになっていないか、注意が必要です。ソーシャルワーカーに絶えず自己理解や自己覚知が求められる理由です。

そして、わかっていることよりも、むしろわからないこと・わかっていないことについて注意を払う必要があります。わからないことをうやむやにせず、わからないことを表明したり共有することで、焦点を当てたり、クライエント（や関係者）に教えてもらう、ということも必要です。

5　みんなが「ソーシャルワーカー」のように、優しい社会に

人が介在するしごと、介入するしごとはなくならない

社会のさまざまな局面で、自動化・省力化・ＡＩ化が進んでいます。上手にそのサービスや商品を利用する人にはどんどん便利になってきています。また、きめ細やかで便利なサービスも増えています。インターネットを使えば、自動車も、自転車も、金融商品も、食料品も、図書も買えます。電話で直接頼まなくても食べたい食事メニューをUberEatsなどのデリバリーサービスで届けてもらうこともできます。同じ場所にいなくても外国など遠くにいてもオンライン会議もできます。遠く離れた相手や会ったことのない誰かとゲームで対戦することもできます。

人（他者）と直接的にかかわらなくても生活できるようなサービスが整っています。ある程度の経済力・資産があれば、比較的長期間にわたって暮らしていけるようです（昭和や平成前半に比

べて、大分便利になりました）。個人が自由に商品やサービスを選べて、自分の好きなタイミングで利用したり、手に入れられたりする環境が整ってきていると言えます。他者と直接的にほとんど関わらず自分の場所やペースで暮らしている人がいます。

一方で、社会の自動化・ＡＩ化に追いついていけない人、インターネット上のサービスを上手に使いこなせない人もいます。サービスが整備されていない地域に暮らす人もいます。そのような人たちは、完全な自給自足でない限りは、必ず社会の誰かと関わりあって生活が維持されるということになります。自分で社会サービスにアクセスしたり、近くにいる家族などの誰かのサポートを受けたりしながら暮らしている人が、社会の大多数だと言えます。

社会サービスにアクセスしたり、近くの誰かのサポートを受けたりできない状況に陥ると、たちまち生活そのものにつまずきが生じます。日常の食事に使う食材やティッシュやトイレットペーパー、生理用品などの生活消耗品などを手に入れられなくなったり、中長期的には家賃や水道光熱費などの支払いができなくなったり、医療機関に通えず治療や服薬が滞ったりして体調を崩すことのリスクが上がります。その状況は、その人を取り巻く環境や条件により様々です。

自分で対処することも、近しい家族などのサポートを受けることもできなくなってしまい生活が立ち行かなくなる局面では、公的な支援によるサポートが介入することになります。身体的・精神的に体調が悪くなって医療が必要になる場合は、救急サービスから医療機関の医師や看護師につながることになります。日常生活動作が不自由な状況や経済的困窮の状態であれば、社会福祉領域の支援者が関わります。都道府県事務所や市区役所、町村役場の支援担当職員か、委託された地域包括支援センターや基幹相談支援センター、児童家庭支援センター、保健センターなどの職員が対応することとなります。機関や施設の種別によって職種は違いますが、しごとの内容はソーシャルワークです。

ただし、近隣の人の通報やアウトリーチ等で公的な支援者がケース（本人）を発見するか、本人が支援を頼みたいと訴える必要があります。故に孤立状態はリスクが増大します。

他者への「気配り」

インターネット等の発達や物流の発達により人付き合いの「わずらわしさ」から逃れたい人、「自己責任」をより強調される社会のなかで対人関係での「ストレス」を抱える人が増えていると言えます。社会福祉サービス含めきめ細やかなサービスが社会に整備されることになり、サービスユーザー（「お客様」）としての立場を主張する人も多くなったと聞きます。情報端末やインターネットの情報に触れられず情報格差やリテラシーの差が拡がっている状況もあります。社会全体の人口減少（少子高齢化）や都市の過密、地方の過疎化が進んでいる状況もあります。社会のあちこちで孤独・孤立の状況にある人が潜在的に存在しています。

現代の日本社会では、一人暮らし世帯が全世帯の三割以上だそうです（令和四〔二〇二二〕年「国民生活基礎調査」では、全国の世帯総数は約五四〇〇万世帯となっています。世帯構造でみると、このうち全世帯の三割以上〔一七八〇万世帯以上〕が単独世帯つまり一人暮らしで最も多くなっています。六五歳以上の人がいる世帯は約二七〇〇万世帯〔全世帯の五〇・六％〕となっています。このうちのおよそ三割、八七〇万世帯以上が高齢者の単独世帯〔一人暮らし〕だそうです）。玄関が一〇軒あるとしたら、そのうちの三軒は一人暮らしということになります。

自分の家族ではない「他者」が、「自分」と同じ地域や集合住宅等に暮らしていたとしても、その生活様式や文化・習慣は個々に異なっています。同じような生活様式がありそうでも、同じような仕事や所得状況がありそうでも、細かな生活に対する考え方は異なっています。個々の人の生活歴や経験が異なっているからです。オリジナルの国・言語・宗教・経験が異なれば、その違いはより大きくなります。自分以外は「自分」と異なる「他者」ですから、同じ家庭に暮らしていようとも家族ですらズレがあり、分かり合えない、わからない、理解できないことも多いはずです。

でも、同じ地域や同じ場所で、同じ時間を過ごしています。地域（家庭）のなかで共に暮らしている「生活者」でもあります。それぞれが、それぞれの生活様式のもとでの暮らしを送っていることを理解しながら、地域のなかで共に暮らす、共生していかねばなりません。孤立している人が（もう一度）社会に参加できる社会的包摂（ソーシャルインクルージョン）が重要です。

文化や思想の異なる「他者」を排除しようとすれば、相手を「居なくする」ことになります。マイノリティの「他者」を多数派（マジョリティ）に合わせてもらおうとすれば、時に「強制させる、従わせる」ことになります。その先には、抑圧、支配、暴力、戦い・戦争につながる可能性があります。

文化や思想の異なる「他者」との共生は、コミュニケーションによる相手の理解、そして寛容さが必要です。

アサーティブなコミュニケーション

「他者」との共生のなかでコミュニケーションをとる際に、自分も相手も大切にする自己表現法「アサーション（assertion）」がヒントになりそうです（平木 2012）。平木典子はアサーションを理解しようとする際、自己表現の型を三つに整理しています。第一は、自分の気持ちを言わずに耐え忍ぶような「非主張的（non-assertive）自己表現」です。これは、自己否定的、依存的、服従的、他人本位・相手任せ、卑屈などのキーワードで説明され、自分を抑え他者の要求を優先してしまう型です。第二は、自分の主張や言い分・気持ちを通そうとして相手を抑える「攻撃的（aggressive）自己表現」です。これは、他者否定的、操作的、支配的、自分本位、支配的、尊大などのキーワードで説明され、他人を抑え自分の要求を優先させようとする型です。第一の

「非主張的自己表現」も、第二の「攻撃的自己表現」も、いずれもコミュニケーションする自分と相手の関係性のバランスや、その後に継続する関係性が適切ではありません。

そして第三は、自分も相手も大切にする「アサーティブ（assertive）な自己表現」です。これは自他尊重、自他調和、自他協力、歩み寄り、正直、などのキーワードで説明されています。アサーションは「①自分の考えや気持ちを捉え、それを正直に伝えてみようとする、②伝えたら、相手の反応を受けとめようとする」という相互尊重のコミュニケーションの型です（平木 2012: 41-44）。

ソーシャルワークのクライエントとのコミュニケーションの場面においても、クライエントに支援者として見解や意見を伝えない「非主張的自己表現」も、クライエントに従わせようとする「攻撃的自己表現」も、適切ではありません。「他者」であるクライエントの内側に広がる「生活世界」を受け止め、共感的理解を示す「アサーティブな自己表現」が有効です。継続的なコミュニケーションによって、クライエント（相手）が「ソーシャルワーカーが、自分自身のことを理解してくれた」という受け止めから、「信頼感」「安心感」の醸成につながります。

コミュニケーションの難しい人への対応、声を出せない人の代弁

ソーシャルワークの局面では、時にコミュニケーションの難しい人にも支援することがあります。クライエントの発声等が難しい、使用する言語が異なる等の場合は、道具等を使うことで対応をす

ることができます。クライエントの性格が難しかったり、認知や理解がズレたり、「攻撃型自己表現型」のように主張の強かったりする場合は、一定の距離感を確保しながら、ある程度の期間にわたる（生身の／飾らない）共に暮らす「生活者」のようなかかわり・コミュニケーションの中で「信頼感」や「存在感」の構築が求められると言えます。「生活者」のような関わりとしても、それは社会的な役割を持ったソーシャルワーカーとしての「社会人」としての対応ということです。

また、声を出しにくい人への支援や、声を出せない人の代弁（アドボカシー）の機能を担う場合があります。重度障害者、乳幼児・子ども、重度の認知症のある人への支援は、その生活や健康に関わる直接的支援のほか、生活の方針を決めていく「意思決定支援」が含まれます。また、依存的に他人（支援者）任せで忖度して主張しない「非主張型自己表現型」のクライエントも、ねばり強く意思や希望を引き出す必要があります。「分かったつもり」にならないように、支援者主導にならないように、関わる必要があります。

いずれの場合も、ソーシャルワーカー一人で抱え込まず、ねばり強くチームで対応していくことが求められます。

（ソーシャルワーカーとしての）「自分」という存在が「媒介」すること

ソーシャルワーカーとしての「自分」が、実践（しごと）のなかで、誰かと誰かをつなぐこと、自分と誰かがつながることを、日々繰り返します。それはクライエントと社会資源・専門職、クライエント同士、社会資源・専門職同士、いろんなパターンがあります。新しい出会いのことも、日常的なコミュニケーションのことも、さまざまです。

誰かと誰かをつなぐ時も、自分が誰かとつながる時も、その出会いやコミュニケーションの場面で、「自分」がその場面の「媒介」としての存在になります。媒介とは（新しい）関係を作ったりつなげたりする橋わたしの役割と言えます。自分が媒介となり、その場の雰囲気が変わったり、お互い同士共感的に理解しあったり、思考や見方が変わったり、新しいアイディアや行動が生まれたりする、ということにつながります。そこから、事態や状況が良い方向に進んだり、場や組織が良い雰囲気になったりする、そして「良かった」という感情が支配する方向に進みます。ソーシャルワーカーの私たちは、そのような方向に進むような「媒介」になりたいところです。

社会を少し変える「きっかけ」や「原動力」

ソーシャルワーカー（を含む支援の専門職）は、直接的な関係のある家族でもないクライエントになぜ支援するのか。それは社会がシステムとしてつながっている、という理解に基づいています。目の前にいるクライエントの生活の支援を行うことで、別の場所にいる違う誰かの生活が安心・安全に一歩進む、ということです。そしてそれは巡り巡って自分の生活に返ってくる、ということです。社会のなかの「見えていない人」への関心、言い換えれば社会状況への関心を持ち、そこにいるであろう人の生活の課題を想像してみることです。

自分の職場や地域、目の届く範囲のつながりの中で、サイレントマジョリティから一歩踏み出して、声を上げる・意見を表明するということが重要です。まずは、あしもとからのソーシャルアクションです。職場や地域が少しでも良い方向に変わることで、さざ波のように周りの施設や事業所、地域に波及していくこともあります。

ソーシャルワーカー（である自分）が、目の前のクライエントや社会のなかの「見えていない人」に関心を持ち、その人たちの存在を知ろうとし、さらに関わりを持つ・持とうとするとともに、声を上げる。そのような行動や実践で、社会が少しずつ変わるはずです。

ソーシャルワーカー、何がおもしろいのか？

ここまでさまざまに書き連ねてきましたが、あらためてソーシャルワークは何がおもしろいのか、何がソーシャルワークに惹きつけるのか、そんなことをあらためて自問します。

私が考えるソーシャルワークの面白さは、大きく二つあります。

第一は、人間のおもしろさにふれられる、ということ。それは言い換えると、いろんな人の価値観や「生活」のありようにふれる、ということです。経験したことのない生活の様式や思考・

思想に触れられるということ、とも言えます。それはあたかも、物語や、未知の世界を垣間見る旅行のようなことにも似ています。さまざまな経験を持った人が、さまざまに暮らしている、生きている。一人一人の貴重な「生」に触れる経験です。

第二は、ソーシャルワークを通して、社会関係が紡がれていくことによって、社会とそこに暮らす人が「安心」「安全」に近づく、ということです。社会関係を再構築したり社会資源とつながることにより、困難な状況にある人がそこから解放されたり、その後の生活が改善の方向に向かったり、新しい生活の局面を迎える、ということがおきます。一人一人のクライエントの生活が良い方向に変化することが、社会全体の変化につながっていきます。

そして、社会とそこに暮らす人が「幸せ」に近づいていきます。クライエントの対象者の笑顔など表情の変化にも触れることがあります。

この先のミライ、私自身の立ち位置（通信教育部の教員・ソーシャルワーカー）から、これからソーシャルワークに希望を持つとしたら、とりあえず次の三つが挙げられます。

一つ目、社会人が福祉を学ぼうとすること、学生の「わかった！」の感覚を実感する場に居られるということ、後押しができるということは有難いことです。少子高齢社会のなかでは、大人の人たちのリカレント教育や転職により、四十代よりも上のシニアの方々のマンパワーに期待したいところです。さらにこれからは、外国から日本に来て働こうとする方々への教育の機会も広がっていくのでは、と予想するところです。

二つ目、社会の中の新しい取り組み・実践に触れられること。すでに社会福祉や生活支援に関わる制度やサービスの拡がりが実感できています（制度やサービスの拡大に知識が追い付きません……）。さらに生成ＡＩなどの導入やインターネットサービスの拡大による、新しい生活支援サービスの局面が来ることが予想されます。社会福祉やソーシャルワークがＡＩやＩＴにすべて入れ替わることは考えにくいものの、社会のサービスのさまざまな局面での展開は予想の範囲内と言えます。また、下支えする社会福祉・ソーシャルワークに関わる制度・政策やサービスも、統合や発展が展開されそうです。そこにもさまざまな仕事が拡がりそうです。

三つ目、主にインターネットを介した新しい繋がり方が構築されること。人と人との繋がり・ネットワークは、インターネットの発達により、すでに時空を超えた全世界に拡がる時代が来ています。出会いの可能性がさらに拡がります。

ソーシャルワークのしごとは、少子高齢化の日本社会において、ますます重要度を増していきます。ソーシャルワークのしごとは無くなりません。社会のどこにいてもソーシャルワークが求められます。あきらめずに、ねばり強くしなやかに、ソーシャルワークのしごとを続けていきたいと思います。

……読者の皆さんも、是非ソーシャルワークの学びに触れてさらに学んでいただき、そしてそれぞれの場所でソーシャルワークをしてもらえたら有難いことです。

Key Word

・ソーシャルワークのおもしろさ。さまざまな人との出会いの連続。人の貴重な「生」に触れること。社会を少し動かして、「幸せ」が拡がること。
・自分も、相手も、大切に。だれでもソーシャルワークを。
・人の生活（暮らし）に大事な、安心、安全を。平和の擁護を。
・あきらめず、ねばり強く、しなやかに。ソーシャルワーカーを、やめない。

〔参考文献・引用文献〕
平木典子（2012）『アサーション入門――自分も相手も大切にする自己表現法』講談社現代新書
前野隆司（2013）『幸せのメカニズム――実践・幸福学入門』講談社現代新書
古川孝順（2023）『社会福祉学原理要綱』誠信書房

CHAPTER 6

ソーシャルワーカーのこれまでとこれから

現状から未来に向けてなされるべきことの試論的提起

木下大生

1　はじめに

木下大生（きのしただいせい）と申します。現在大学で社会福祉士養成に携わっています。担当している科目は、「障害者福祉論」「多文化共生ソーシャルワーク論」「司法福祉論」、その他に社会福祉士演習・実習系の科目と二、三、四年生のゼミナール、大学院では「ソーシャルワーク理論特論」と修士論文の指導です。

主な研究テーマは、障害者福祉とソーシャルワークに関するものです。具体的には、知的障害で認知症がある人、罪を犯した知的に障害がある人のそれぞれの支援のあり方を研究しています。ソーシャルワークは、最近は特にマクロ領域に関心を寄せており、社会の変え方、世論形成の方法について調べ、考えています。なかなか、先行研究もなく難航していますが……また、罪を犯したり、被疑者被告人になった知的障害がある人の支援をする一般社団法人東京ＴＳネットワークに理事として運営、ソーシャルワーカーとして実践に携わっています。

さて、この『ソーシャルワーカーの○○』シリーズで一番初めに上梓したのが『ソーシャルワーカーのジレンマ』（二〇〇九年）でした。もうひと昔まえです。言うまでもないことですが、この書籍に携わってきたわれわれにも同じ年月が流れ、齢を重ね、生活者としてもソーシャルワーカーとしてとしてもそれなりに経験を重ねてきました。そして気づいたら全員が大学教員になっていました。教員になってからも酸いも甘いも（甘いはたいしてなかったかも）経験し、「若手」を自称するのも、他者からそのように呼ばれることにも少し違和感を覚える年齢になってきました。

振り返ると、ソーシャルワーカー業界で、末席ではありましたが、実践者、研究者として、石にもかじりつくような思いで三〇年近くを重ねてきたな、と結構感慨深いものがあります。そのような感慨と共に、この『ソーシャルワーカーの〇〇』シリーズの初心にかえり、「現場で頑張る若手ソーシャルワーカーにエールを送りたい！」といって何か発信したら、「老害」といわれてしまいそうだな、若い人たちに何かを伝えるといって意気込みすぎるのはもうやめておいた方がよさそうだ、とも思っています。これについては、今の年齢に達するまではあまり気にすることがなかったことなので、若気の至りとか若さゆえ、という枕詞が使えなくなった一抹の寂しさや喪失の悲しみ、また発言に対する責任も付きまとうのだろう、といったことも感じています。

そのような考えや周囲からの空気も感じ、皆で話し合って本書でこのシリーズを最後にすることにしました。そして、最後に書くとしたらどのようなことをテーマにするか。ここまでこのシリーズと共に歩んできた仲間で議論を重ねた結果、『ソーシャルワーカーのミライ』というタイトルに落ち着きました。

大先輩方（福祉の研究業界は皆さんは、職業人としての寿命が長い！）から比べると、まだまだひよっこの我々ではありますが、先ほども記した通り、ソーシャルワークにそれなりの年月を携わってきました。したがって、ソーシャルワーカーのこれまでを振り返り、この先を予測し、こうあるべきではないか、こうあってほしい、こういうのはどうだろう？　という意見や提案をしても許していただけたり、少しは聞いてくださる方もいるのかな、と思ったりもしています。僭越ではありますが……。

さて、以下では僕なりの視点から四半世紀（ここ二五年くらい）の日本のソーシャルワーク業界やワーカーを振り返り、ソーシャルワーカーのこれまでとこれからを考えてみたいと思います。取り扱うテーマは、「ソーシャルワーカーのアイデンティティ」「ソーシャルワーカーの国家資格」「ソーシャルワーカーの支援対象」「ソーシャルワーカーとＡＩ」「ソーシャルワーカーの専門性」「ソーシャルワーカーと社会体制」の五つです。

なお、いつもながらですが、他の共著者の皆さんとトーンは合わせていません。このシリーズをお手に取ってくださった方は分かるかと思うのですが、はじめからそういう本です。〝個性を尊重し……〟とかそれっぽいことをいってなんとかやり過ごしていましたが、ほんとうは誰も編集する力がなかった、というだけのオチなのですが……。

2 アイデンティティの揺らぎ（職域拡大）
——司法と福祉の連携から考える

二〇〇三年に元衆議院議員の山本譲司氏が『獄窓記』という書籍を上梓しました。内容は、山本氏が刑務所に収容されていた約一年の経験が記されたものでした。ただ、よくある「飯は思ったよりうまかった」「テレビも意外と自由に見られますよ」「やることがないので筋トレばかりしていて二〇キロ痩せました」といった「刑務所の中での生活記」ではありませんでした。福祉の支援が必要と考えられる知的に障害がある人や高齢の人が、刑務所に収容されている事実と刑務所に居ること自体が適切な対応であるのか、という社会に対する問題提起が主題でした。

この主張は、法務省には「福祉の支援が必要な人が出所した際に福祉の支援につながらないと再犯に至る可能性が高まる」、厚生労働省には「福祉の支援が必要な人に行き届いていない現状があるためやむなく犯罪に至る人がいる」ということを突き付けました。そして両省はこの問題提起に呼応し、きわめて短い期間で法務省と厚生労働省が連携した施策を展開していきました。そしてこの動きにソーシャルワーカーも次々と刑事司法施設や機関に登用されていきました。

内容を少し見ていきましょう。二〇〇九年に厚生労働省管轄の地域生活定着支援センターが各都道府県に一つ（北海道は二つ）設置され、そこに社会福祉士が置かれるようになりました。この前後から法務省管轄の刑務所等矯正施設に社会福祉士が採用されるようになりました。また法務省は、同年度から、一部の更生保護施設[1]を指定更生保護施設に指定し、社会福祉士等の福祉の知識を持った職員を配置しました[2]。二〇一四年には刑務所等矯正施設に福祉専門官[3]が設置され、さらに、地方検察庁にも福祉アドバイザー[4]という職名で社会福祉士が採用しており、現在はすべての地方検察庁に福祉アドバイザーは勤務しています。このように、厚生労働省は新たな機関を設置し、法務省の多くの機関に社会福祉士が採用されるようになりました。

一九八七年に社会福祉士資格が創設されてから、長らく「より多くの機関や施設に社会福祉士の配置を！」「福祉の領域だけではない社会福祉士の活用を！」と様々な施設・機関への社会福祉士の配置や職域拡大を目指してきた日本社会福祉士会にとっては、棚から他省管轄での仕事と公的機関への配置の両方が落ちてきたような状況が生じました。

ところで、なぜ法務省は自身の管轄施設・機関にここまで多くのソーシャルワーカーを登用するに至ったのでしょうか。ソーシャルワーカーに何が期待されていたのでしょうか。それは一言でいうと「再犯防止」のためです。社会福祉士に対して、再犯減少、防止の一員としての大きな役割期待がのしかかってきました[5]。

これに対して、社会福祉士会をはじめ、多くの社会福祉士が、社会福祉士を登用してくれた法務省の期待に応えようとしました。日本社会福祉士会や都道府県社会福祉士会では、名称はそれぞれですが、司法との連携に関連した委員会が立ち上がりました。日本社会福祉士会はリーガルソーシャルワーク委員会を立ち上げました。二〇〇八年に立ち上がったこの委員会の数年間の報告書をみると、「再犯防止」の文言が幾度となく登場します。また、一部の県社会福祉士会の集まりに参加する機会を得ましたが、一部で「再犯防止！」という勇ましい掛け声が飛び交っていました。新しく活動する領域ができたことに対する期待と高揚感とでもいいますでしょうか。それをこれでもか、というくらい感じた時期でした。そして、この状況、つまりソーシャルワーカーたちが口々に「再犯防止」を謳うようになった頃から、ケースカンファレンスなどで「〇〇させない」「〇〇させる」「〇〇を禁止した」といった強い言動がソーシャルワーカーから聞こえるようになりました。公序良俗の範囲内であったり、他者に害悪を及ぼすような行為ではないことまで、本人が望んでいるにもかかわらず「再犯に繋がるかもしれないから」という理由で禁止するような、パターナリスティックな対応まで見るようになってきました。

このような状況に対し、僕は大きな違和感を覚え、疑問を抱きはじめました。なぜかというと、過去を遡ると、ソーシャルワーカーは自身のパターナリスティックな支援を反省し、クライエントとの関係性において、そのような関わりを排除しようと継続して取り組んできていたためです[6]。また、ソーシャルワーカーのミッションはクライエントの幸福追求やそのための社会変革であり、再犯防止ではないと考えるためです。刑務所等矯正施設から出所した人の生活支援をソーシャルワーカーがし、その結果として再犯がなかった、という支援の反映として再犯が防がれるのであればもちろんそれは良いと思います。しかし、声高に「再犯をさせない！」として、関わりの第一義的目的にするのは、ソーシャルワーカーの支援価値から外れるのではないか、と。この状況は、上記した考え方の啓発が進み、「再犯防止」を声高に掲げるソーシャルワーカーは少なくなってきており、ソーシャルワーク業界全体に支援の反映として再犯から遠ざかるという関わりが目指されるよう変化してきているように感じています。そして、このような動向に、僕は安堵感を覚えています。

この社会福祉士会界隈での「再犯防止狂想曲」を振り返ると、社会でソーシャルワーカーに対して新しい役割期待が生じたことで、ソーシャルワーカーのアイデンティティが揺らいだ、なかなかの危機的な状況にあったように振り返っています。この出来事を踏まえたうえで、未来を想像してみましょう。おそらくこの先も様々な省庁などが社会福祉士を使おう！という動きが出てくるのではないかと思われます。現に、最近総務省の社会福祉士活用への言及がありました[7]。これはとてもありがたいことです。一九八七年に社会福祉士が創設されてから、今日まで職域拡大を継続して主張してきたわけですから。

ただ、この先、どのような領域から役割を求められたとしても、われわれソーシャルワーカーは、ソーシャルワーカーとしてのアイデンティティが揺らがないことを常に意識していくことが必要なのではないでしょうか。その上に新たな役割を模索していくことが必要なのではないかと考えます。ソーシャルワーカーとしてのミッションを遂行していこうとするのであれば、どこかの仕事の「下請け」になってはなりません。もっと言うと、国が示している制度の枠内のみで思考が完結してはなりません。そのようにならないための指標になるのが、ソーシャルワーカーのグローバル定義と倫理綱領・行動規範と考えます。ソーシャルワーカーであるために、僕らは常にここに立ち返らなければならないと考えるのです。最近いつ、倫理綱領を読み返したでしょうか。案外、そういえば社会福祉士養成課程を卒業してから一度も見ていない、という人もいるかもしれません。という僕も、今慌てて倫理綱領と行動規範を読み返さなくては、という焦燥感に駆られています。

3 ソーシャルワーカーの国家資格に関する議論

最近、アイデンティティの揺らぎに関連する事項がもうひとつありました。国による「子ども家庭福祉士（仮称）」という新たなソーシャルワーカー国家資格創設の検討です。児童虐待相談の増加に加え、虐待死のニュースがこれまで以上に世間を賑わせるようになってきています。この子ども家庭福祉士構想が勃興したのも、凄惨な虐待死の事件が立て続けに起こった時期でした。

厚生労働省の社会保障審議会において、新資格創設を検討するための委員会が立ち上げられ、継続して検討がなされてきました。審議会では新資格創設派と既存の資格の社会福祉士を活用する派とに分かれ、議論は拮抗しました。顛末は、新たな国家資格創設は見送られ、既存の国家資格に上乗せする認定資格を創ることになりました。しかし、二年後の児童福祉法改正の際に、再度国家資格化の検討を行うことが報告書に明記され、今後もまたこの議論が復活する可能性を多分に残している状況です。

この新資格創設の動きに対して、ソーシャルワーカーの職能団体で構成されるソーシャルワーカー連盟が既存の国家資格を対応すべきである、という主旨で声明文を発し、政治にも働きかけるアクションを起こしてきました。しかし、社会保障委員会の新資格推進派の新資格創設の構想は微動だにせず、むしろ勢力を拡大し、主張を強めていきました。なお、この新資格推進派の急先鋒を担っていた二人の委員の専門は、一人は心理、一人は医学でした。

一方、既存資格活用派は、ソーシャルワークが専門の委員でした。僕は、なぜ社会福祉やソーシャルワークが専門ではない人たちが、新たなソーシャルワーカーの資格を作るべきだと強く強調しているのかがわかりませんでした。もしかしたらソーシャルワーカーである我々よりもソーシャルワーカーの国家資格を重じているのかもしれません。

ところで、皆さんもよくご存じの通り、一九九七年に精神保健福祉士の国家資格ができました。

この資格創設のための議論とほぼ同時期に、医療ソーシャルワーカーの国家資格化の議論もされていました。その際に、医療ソーシャルワーカー協会（当時）は、医療ソーシャルワーカーは社会福祉士資格を基盤とし、別建てのソーシャルワーカー資格は求めない、としました。僕は、この医療ソーシャルワーカー協会の考えと決断を心底支持しました。また、精神保健福祉士の国家資格創設については腹の底から反対しました。今も、ソーシャルワーカーの国家資格が二つある状況に強烈な違和感を覚えている、というか、そうあるべきではないと思っています。

余談ですが、海外のソーシャルワーカーやソーシャルワーク研究者に日本のソーシャルワーカーの資格について説明する時や、ソーシャルワーカーについての書籍や論文を書く時、ロジックが通ったうまい説明ができません。ジェネラルなソーシャルワーカー国家資格である社会福祉士と、スペシフィックな精神保健福祉士国家資格と。それでいて、他のスペシフィックな領域は、「認定社会福祉士」という社会福祉士資格に上乗せの認定資格がある。誰がこのちぐはぐな状況を海外のソーシャルワーカーやソーシャルワーク研究者に説明できますでしょうか。誰が、これからソーシャルワーカーを目指す未来のソーシャルワークの担い手の人たちに理解してもらえるように話せるのでしょうか。なぜ、社会福祉士というソーシャルワーカーとしての基礎国家資格を取得しながら、一方で精神保健福祉士という新たな別の国家資格を、養成課程を経て取得しなければならないのでしょうか。また、社会福祉士会と精神保健福祉士協会は別々に動いています。これはソーシャルワークが分断された状態にあると言えるのではないでしょうか。少なくとも僕はそう思っています。ちなみに、海外で、日本にソーシャルワーカーの国家資格が二つある状況について僕の力ではロジカルに説明できないので（できる方いますか?）、ただ一言〝political matter〟というほかありません。

話を戻します。分野別にソーシャルワーカーの資格を作っていったらキリがありません。また、新たな社会問題や社会的マイノリティーに対応が迫られた時、その都度新たな分野の資格ができるまで待っていられません。そもそも、分野によって違うソーシャルワークを展開するわけではありません。もちろん、それぞれの分野に独特な知識は必要になることもあります。ただ、違うソーシャルワークがあるわけではなく、ソーシャルワークの基盤はすべて同じはずです。どの分野においてもソーシャルワークはソーシャルワークです。上でも述べましたが、複数のソーシャルワーカー資格がある状況は、アイデンティティの分断につながっていやしないでしょうか。そして新国家資格創設の動きは、まだ蠢いています。

今後も何かしら新たにソーシャルワーカーが対応するべき領域が提起されたら、その分野に新たなソーシャルワーカーの国家資格創設が必要、との動きが生じたとしても僕は全く同意できません。が、もしそうなるとしたら、前の節で取り上げた、「司法領域におけるソーシャルワーク」の国家資格案は提案されてしかるべきです。今のところそういった話は出ていないようなので、僕が提唱しましょうか。いち早く声をあげ、発起人の一人に入り、政治に働きかけ、国家資格化されたら、僕にどんな未来が待っているだろうか。第一人者として崇められ、新たにできる資格認定機関の役員に就任し、その資格に関連するテキストをたくさん監修して。

話を戻して、これが、僕がソーシャルワーカーの国家資格の未来に対する憂いです。再度整理すると、憂いていることはソーシャルワーカーの国家資格が、様々な分野で新たに創設の提案がされることです。日本社会福祉士会と日本精神保健福祉士協会は常に歩を合わせて、ソーシャルワークマターを共有して議論しているでしょうか。別団体である限りは、どんなに努力したところで、完全な一致は難しいと思います。そしてこのような動きに拍車をかける、子ども家庭福祉士（仮称）の創設は何があっても阻止しなければならないと思ったわけです。ご存知の方もいらっしゃるかもしれませんが、同じ考えを持った仲間と、新資格創設の反対運動を展開しました。記者会見をやったり、新聞記者に記事にしてもらったり。あと署名運動もしました。励ましの声をたくさんいただきました。その一方で「そんな事して大丈夫？」との心配いただく声かけもいくつかありました。何色かわかりませんが色がつくな、と思いながらも、黙ってはいられませんでした。日頃学生たちに「ソーシャルアクション」を教えている身として。

僕が日本のソーシャルワーカーの国家資格の未来について、期待することは、社会福祉士と精神保健福祉士が統合されることです。そして社会課題の緩和・解決に向けてソーシャルワーカーが一枚岩になることです。数は力です。人々の権利擁護をしていくための社会発信をしていくために、それが必要だと思っていますが、皆さんはどのように考えますか？

4　支援対象の範囲をどのように捉えていくのか

さて、前の節でソーシャルワーカーの国家資格を、増やしていくべきではないのではないか、という意見を述べました。しかしこれは、支援対象の範囲を広げていくべきではないという考えと同列ではありません。むしろ、僕は社会福祉士国家資格が、支援対象を規定してしまっており、本来ソーシャルワーカーが支援対象とすべき人々にまで目が向かないようにしてしまっているのではないか、そのためにソーシャルワーカーの支援が届いていないのではないか。という危惧を抱いています。

社会福祉士国家試験では、いわゆる各論は「低所得者」「高齢者」「児童や家庭」「障害者」「更生保護（刑事司法と福祉）」が科目として規定されています。これがよくない、とは言わないのですが、この枠組みがあるために、新しく権利擁護が必要と社会で認識された人々への支援に意識が及ばないのではないか、ということが言いたいことです。例えば、僕が今認識できている限りにおいては、アイヌ民族が抑圧されてきた歴史。難民認定率が他諸国と比較して著しく低い状況。

仮放免[8]で社会保障の対象ではなく、働くことが許されておらず、将来の見通しが立たない外国籍の人々。生活が立ちいかなくなり福祉の支援を求めたが拒まれ、やむにやまれず性風俗で働く人々。家族が犯罪行為をしたことで社会から排除されてしまった人々。逆に犯罪に巻き込まれ、それ以前の生活を送れず苦しんでいる人々やその家族。どの角度から見てもソーシャルワークの支援が必要な人々であるにもかかわらず、ソーシャルワークの支援が届いていないカテゴリーの人々です。このような人々の権利擁護が必要と考えますし、現に支援に携わっている人々がいます。もちろん、その中には社会福祉士はいますが、先ほど示したいわゆる「各論」のカテゴリーの人々に対する支援と比較すると、かなり不十分で、思い切った表現をすると、「コミットしていないに等しい」といっても過言ではないと思います。現に、これらの領域に携わっている人々から、「なぜこの領域に社会福祉士が全然コミットしてこないのか?」と質問されることが少なくありません。われわれは、このような状況をどのように捉え、どう対応していくのでしょうか。あるいはこのまま見過ごすのでしょうか。人々やその生活、価値観などがより多様化していく中で、われわれソーシャルワーカーの支援対象の範囲をどこまで広げ、その支援の確立をしていくのかが今後さらに問われてくるのではないかと考えます。

なお、これについての僕の意見は、旧態依然としたカテゴリーから自由になり、これまであまり支援対象とされてこなかった人々への支援を積極的に広げていくべきではないか、と考えます。

ただ、すでに組織に所属しているソーシャルワーカーには、所属組織が支援対象としている人々以外のカテゴリーの人々に広げて支援することは、現実的には難しいと思います。したがって、ソーシャルワーカーの働き方や、他専門職との協働の方法も含め、業界全体で、議論をして行く必要性を感じています。

5 ソーシャルワーカーとＡＩ

ＡＩ普及によりなくなる職業となくならない職業――ソーシャルワーカーはどうなのか？

さて、話はガラッと変わります。次は、ソーシャルワーカーとＡＩについて考えてみたいと思います。ソーシャルワークとＡＩについて考えるようになった契機は、二〇一三年にオックスフォード大学の研究者であるカール・ベネディクト・フライ（Carl Benedikt Frey）とマイケル・オズボーン（Michael Osborne）が発表した論文「未来の雇用（The Future of Employment）」[9]を読んでからです。この論文では、ＡＩの進歩がもたらす労働市場への影響について論じています。また、アメリカ労働省の定めた七〇二種類の職業を分析対象とし、コンピュータ技術や機械学習が発展することで、自動化リスクの高い職業と低い職業（言い換えると、ＡＩが進展することによって〝なくなる職業〟と〝なくならない職業〟）をランキング形式で発表しています。多くの人が、現在自身が就いている職業のランキングを見て、一喜一憂したのではないでしょうか。僕も真っ先にソーシャルワーカーを探しました。すると、「自動化リスクの低い職業（なくならない職業）」の四位にメンタルヘルス・薬物乱用防止ソーシャルワーカー、八位にヘルスケアソーシャルワーカーがランキングされていました。思わず「おお！」と声を上げたのですが、その直後に、この結果は、そのまま日本に置き換えることはできないと思いました。その理由は、今回の分析はアメリカのソーシャルワーカーの話であるためです。アメリカのソーシャルワーカーが果たしている役割と日本のそれには隔たりがあった場合、この順位は日本のソーシャルワーカーにそのまま当てはめることはできません。

なお、この論文ではソーシャルワーカーの仕事の内容が対人関係や感情における対話であるとし、高度な人間関係や情報処理能力が必要である職業であることから、ＡＩの影響を受けにくいとしています。また、ソーシャルワーカーが対応するケースは、複雑な状況や倫理的な判断に直面することが少なくありません。ＡＩはこれらの人間的な側面や複雑な倫理的判断を理解し、適切に対応することが難しいことも自動化されにくいと考えられた理由の一つです。この件については、僕の実務経験からも思うところがありました。それは、ＡＩは「人の涙の意味」を理解するのが難しいのではないか、ということです。というのも、面接中に涙を流す方も少なくありません。この涙の意味を理解することをとても難しく感じています。一般的に、人が感情的に流す涙は、大別すると、悲しみ、喜び、怒り、感謝、感慨深さ、ストレス、の六種類があるとされています。そして、それらが時として複雑に絡み合い、涙を流している人自身も、なぜ涙を流しているのか、自分がどのような感情にあるのかということを整理できないこともしばしばあります。ソーシャルワーカーは、この感情を、丁寧に話を聞きながら、あるいは、本人の気持ちや考えが整理されるのを待ちながら、その涙の意味を一緒に考えていきます。ソーシャルワーカーは、そのような姿勢で本人に寄り添い、複雑な感情を解きほぐし、整理と理解を助けることができます。ここには、問題解決のみできればよいわけではなく、本人の気持ちを受け止め共感することも含まれます。僕は、この「人に話を聴いてもらい、共感を得る」ことは、人がよりよく生きていくためにとても大切なことであると考えます。

最近では、ＡＩの対応が増加してきています。例えば、利用している銀行やクレジットカードのトラブルなど。番号にしたがって、入力していくと、最終的には問題は解決することもあります。ただ、なんか、こう、もやもやした気持ちが残りませんか？　私は、いつも残ってしまうんです。そして、人が電話口に出てくれて、話を聴いてくれて、大変だったことを共感してくれることで、気持ちがすっきりとする経験を何度もしてきました。これから、われわれの日常生活の中で生じるトラブルへの対応は、ますますＡＩが増えていくことが予測されます。

ソーシャルワーカーがＡＩにとってかわられないために、ということではないのですが、ＡＩ

がどんどん普及してくるからこそ、高度な人間関係や複雑な感情の理解が可能であるソーシャルワーカーの価値がより高まる社会になってくるのではないかと考えます。来るべきＡＩ社会に備えて、われわれは、高度な人間関係、別言すると複雑な人の気持ちを理解、整理し、共感できる能力をより高めていくことに注力することが必要なのではないでしょうか。

三重県津市の児童死亡ケースから考えるＡＩとソーシャルワーカーの業務整理の必要性

二〇二三年五月三重県津市で母親の虐待によって児童が死亡する事件が起こりました。この事件に対して、県は、二〇二二年二月に女児への虐待の疑いで通報が寄せられた際、あざの発見が虐待に起因するものであるかを断定できなかった事実、そして母親が児童相談機関の支援や指導を受け入れる姿勢を示したことに基づき、ＡＩを用いたサポートシステムの評価も踏まえ、一時的な保護措置を見送る決定を下しました。要するに、今回のケースでは、虐待に対する早期介入の必要性の可否についてＡＩによる評価を参考にした、ということです。ＡＩのこのケースの評価は、同様の状況で保護が行われた割合は三九％であり、早急な介入が必要な場合は八〇％以上、でした。したがって、今回のこのケースに対する三九％という割合は「高くはない」との評価が下されました。

このＡＩシステムは、過去に児童相談機関が対応した約一万三〇〇〇件の事例をデータベース化しています。一時保護の検討時に、年齢やけがの状態などを入力すると、過去の事例における保護の割合が表示されます。さらに、子どもへの質問方法の提案も行い、業務の効率化や経験の浅い職員をサポートする機能も備えています。

県児童相談センターの所長は、「ＡＩが示す数値はあくまで参考情報であり、最終的な判断は人間が会議などを通じて行っています」と強調しています。一方で、知事は「事件の具体的なケースでは、ＡＩの利用が適切でなかったとは言えませんが、ＡＩに依存することもあるかもしれません。その点をどう修正すべきかを検討する必要があります」と述べています。

僕は、今回のケースから、ＡＩはどこまでソーシャルワーカーにとって代われるのか、ソーシャルワーカーが今行っている業務の何を代行できるのかを考える大きな契機になる、むしろ、ソーシャルワーカーに関連する研究をしている研究者、職能団体、実践者が自ら考えなければならない、と強く感じています。われわれの仕事の専門性や内容は、われわれが自ら整理する必要があります。そして、ＡＩで代替すべき業務、代替すべきではない業務を提起していくことが求められると思います。それを他者に任せるようであれば、自分たちの専門性を失っていく事態を招くのではないでしょうか。来るべきシンギュラリティ[10]に備えて、業界をあげて、早急に着手すべき事項であると考えます。その際に重要なのは、「現在、ソーシャルワーカーが行っている人に対する直接支援をいかにＡＩが代替できるか」、という人員削減の観点からの議論ではなく、ソーシャルワーカーが人と向き合う時間を増やすために、いかにそれ以外の業務をＡＩに代替させられるか、ではないかと考えます[11]。

6 ソーシャルワーカーの専門性 ——ストレングス視点とソーシャルアクション

皆さんソーシャルワーカーの専門性ってどのようなものであるととらえていますか？ いま本書を手に取ってくださっている方々にお声掛けして、ZOOMかなにかをつないだりして、授業のようにグループでブレインストーミングして整理して発表して下さい」としたら本当にたくさんの項目が挙がってくるのではないかと思います。

ストレングス視点

数あるソーシャルワーカーの専門性として挙げられる項目の中から、僕が一番推しているのは「ストレングス視点」「ソーシャルアクション」です。以下でなぜそのように考えるかを説明していきたいと思います。

まずは、ストレングス視点についてです。現在行っているソーシャルワーク実践において、医療職や法律職と連携することが多いのですが、相談者と面接している時にふと気づいたことがあります。相談に来る人のほとんどは、自身に生じている何かしらの問題の緩和・解決の方法について相談しにきます。すると、どのような職種であったとしても相談を受ける側は、その人から語られる「問題・課題」に目が行きます。そして、なぜその「問題・課題」が生じたのかということ、またその「問題・課題」はどのように解決できるか、ということを自身の専門知識から検討します。そして、解決に向けた具体的な方法に着手します。ここでの例であれば、医師は病気や怪我の治療をし、弁護士は裁判に向けて準備をします。しごく当たり前のことなのですが、この手続きを繰り返し見ているうちに、一つのことに気が付きました。それは、問題・課題が相談の中心に据えられて、それ以外に目が行くことはあまりない、ということです。もちろんこれを非難しているわけではなく、それぞれの専門性を考えるとこれでよいのだと思います。医師は、病気やけがに、弁護士は法律問題に、焦点化するのが一般的ですし、あるべき姿だと思います。

しかし、ソーシャルワーカーはどうでしょう? 「ソーシャルワーク専門職のグローバル定義」（以下、グローバル定義）に生活課題の緩和・解決の手伝いをしながら、人々をエンパワーすることがミッションとして書かれています。そしてエンパワーするのに、その人の強みに着目します。いわゆるストレングス視点です。これが、僕が数あるソーシャルワーカーの技術の中で、より意識して磨いていくべきものと考えています。理由は単純です。他の対人専門職にあまり見られない視点だからです。また、人の強みを見出すのは、慣れてしまえばなんてことないのですが、慣れていないでそれをやろうとすると手こずるようです。

簡単な事例からストレングスを見出してみましょう。「福祉サービスを受給するために、役所で手続きをして受給に至った人のストレングスは何ですか」。たった三〇文字の事実にたくさんの「強み」が詰まっています。

皆さんもよくご存じのように、福祉サービスを受けるために手続きは以下のように多岐にわたります。少なくとも以下の一〇のプロセスを経ています。

①サービスを受けるための要件や情報を収集・整理・理解する
②自身が要件を充足しているか確認する
③申請を受け付ける機関・施設の場所を確認する
④申請機関・施設の窓口に移動する
⑤担当窓口を探す
⑥担当窓口の担当者に来所目的を伝える
⑦申請の詳細な説明を受ける
⑧申請に必要な書類などを揃える

⑨申請書に記入する
⑩結果を受け取り通知の内容を理解・判断する

これらのプロセスの一つ一つをクリアできた、というのは、一つ一つができるということで、それはその人の強みです。できないことが悪い、といっているわけではありません、念のため。ただ、このようなことは、できる人にとっては、当たり前すぎて、それぞれの行動に対してその都度「できる、できない」ということは意識しないのではないでしょうか。それだけに、自分の強みである、というようにも認識できていないように思われます。そして、今後、生活課題に直面した際「自分は、これができるんだ」という認識を持っているのと持っていないのでは、生活課題への向き合い方、取り組み方に大きく違いが出てくるのではないかと考えます。グローバル定義に「エンパワメントと解放を促進する、実践に基づいた専門職であり学問である」とあるように、人々のエンパワメントがソーシャルワーカーのミッションであり、ソーシャルワークそのものです。エンパワメントには、相手のストレングスを捉える視点が必要です。そのように考えると、ソーシャルワーカーの専門性は多岐に亘っていますが、先にも書いた通り他の対人援助専門職よりもストレングス視点が際立っていること、また実践が人々のエンパワーと繋がるためにも、ストレングス視点に磨きをかけて行くことが重要と感じています。

ソーシャルアクション

よく知られているように、ソーシャルワークの母であるM・リッチモンドがソーシャルワークを「ソーシャル・ケースワークは、人間とその社会的環境との間に、個別的に、効果を意識して行う調整によって、その人間の人格を発達させる諸過程からなる」と定義しました。この内容は、個人の生活課題は社会との相互作用から生じるものであるから、その課題を緩和・解決するためには、個人と社会の双方に働きかける必要性があるといった解釈がなされています。つまり、個人が社会に影響を与え、逆に社会が個人に影響を与える相互作用を理解し、人々の生活課題を緩和・解決するためには、その両者に働きかけることが重要であると指摘されます。この「個人と社会」というミクロとマクロな視点を持つことは、リッチモンドの定義から、国際ソーシャルワーカー連盟（IFSW）が一九八二年、二〇〇〇年、二〇一四年に提起し、また改訂してきたソーシャルワークやソーシャルワーカーの定義のすべてに、「社会変革」という概念になって引き継がれています[12]。すなわち、個人の生活課題を緩和・解決しながら、その生活課題がどのような社会構造やシステムの不具合から生じているのかを分析し、そこにも働きかけていくことがソーシャルワーカーである、とも言い換えられるのではないかと考えます。そして、これもストレングス視点と同じように、他の対人援助職と比較して、ソーシャルワーカーの専門性として強調されてしかるべき部分であると思います。この視点があるからこそ、ソーシャルワーカーは生活課題が生じている状況を「自己責任論」に押し込めてしまわない専門職となっているように思います。この「自己責任論」については、次の節で踏み込みます。話を戻しましょう。

これだけ、「社会変革」がソーシャルワークの定義に継続して取り上げられているからには、われわれはここに着手していかなくてはなりません。「ストレングス視点とエンパワメント」が連続しているように、「ソーシャルアクションと社会変革」の関係性もそれと同じで、社会変革が目的でその目的達成のための手段がソーシャルアクションというように捉えています。そして、この「ソーシャルアクション」と「社会変革」が、近年ことさらに国内外のソーシャルワークにおいて強調されてきているように感じています。その一方で、日本では「ソーシャルワーカーはソーシャルアクションができていない」というようにも指摘されています。

ところで、「社会変革」とは、噛み砕いていえば社会を変えることですが、では「社会を変える」とは何を変えることなのでしょうか。わかったようなわからないような、漠とした概念と感じませんか？　よく「社会を変える」を謳った書籍を目にするのですが、では社会を変えるとは具体的に何を変えると社会が変わったと言えるのかについて言及している書籍は少ないように感じていました。そこで、これが変わると社会が変わった、と言える要素を考え、二〇一九年に他の書籍で提案しました。その要素が、「政権・政治」「法律」「慣習」「状況・状態」「人々の意識」と整理しました。この他にも「規律・規範」「システム」などがあると考えられます。そして、こ

表1　ソーシャルアクションの手法・目的と期待される効果

行動・手法	目的	期待される効果
ロビー活動	政策立案者に、意見を伝え、政策に反映させる。	政策決定者に直接働きかけることで、具体的な政策変更や法改正を実現する。
デモ・抗議行動	多数の人々が集まり、共通の問題や要求を公に示す。	公共の場で多くの人々が集まることで、社会的注目を集め、問題の緊急性を訴える。
広報・キャンペーン	問題や運動の認知度を高め、支持者を増やす。	メディアを活用し、問題の認知度を広げ、多くの人々に情報を伝えることで支持を増やす。
署名活動	多くの人々の支持を集め、問題の重要性を示す。	多数の署名を集めることで、社会的支持の広がりを示し、政策変更の必要性を強調する。
ソーシャルメディアの活用	広範な人々に迅速に情報を伝え、支持者や理解者を増やす。	情報の迅速な拡散と広範な人々へのリーチにより、支持を集め、問題への関心を高める。
ワークショップ・セミナー	問題に関する知識を広め、参加者を教育・啓発する。	問題に関する教育と知識の共有を通じて、参加者の意識を高め、行動を促す。
ボイコット	特定の商品やサービスの購入を拒否し、企業や組織に経済的圧力をかける。	経済的圧力を通じて企業や組織に行動の変更を迫り、社会的責任を意識づけ行動に結びつける。
映像（映画等）の制作	問題を視覚的に伝え、感情的な共感を喚起することで、社会的意識を高める。	視覚的・感情的なアプローチにより、問題への共感と理解を深め、広範な観客に対して意識を喚起する。
アートやパフォーマンス	創造的な方法でメッセージを伝え、関心を引く。	創造的な表現を通じて問題を視覚的・感情的に訴え、記憶に残りやすい形で意識を高める。

筆者作成

れらを変えるためにソーシャルアクションが必要になるのですが、その方法と展開についても別の書籍で試論を書きました[13]。紙幅の都合上、詳細は記しませんが、ソーシャルアクションの方法と展開については、それぞれ表と図を作成していますので、そちらをご確認下さい。

ここで示したことを展開すれば、社会が変えられるのかについては正直なところわかりません。ただ、どのような要素が変わると社会が変わったと言えるのか、またその要

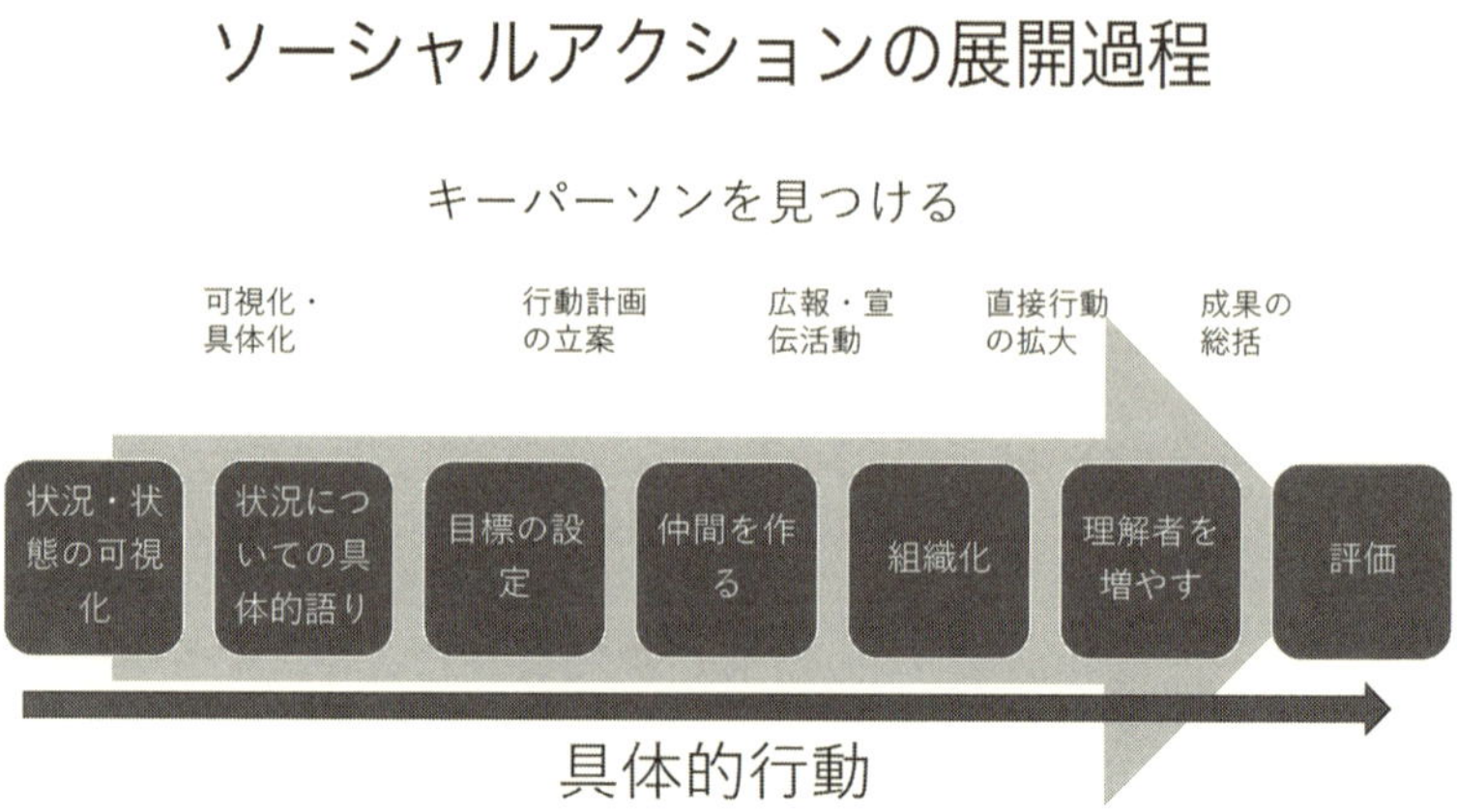

図１　ソーシャルアクションの展開

出典：木下大生（2024）「ミクロ・メゾ・マクロレベルのソーシャルワークの展開」p 115、木村淳也・小口将典編『ソーシャルワークの基盤と専門職Ⅱ（専門）』ミネルヴァ書房

素を変えるためにはどのような方法と展開が必要なのか、僕なりに考えてみました。これが少しでもどちらかのソーシャルワーカーの「社会を変える」ことに対する意欲向上に資したり、実際に役立つのであればとても嬉しく思います。

そして、ソーシャルアクションを展開することについては、できる人やもちろん挑戦していただきたいのですが、組織に所属していると、なかなか難しいと思います。僕自身も病院でソーシャルワーカーとして雇用されていた時や、知的障害者通所授産施設（現在の「就労継続支援B型」）で働いていた時は、ソーシャルアクションを自ら起こすことは、力量的にも環境的にも困難でした。だからと言って、ソーシャルワーカーの一つの代表的な専門性であるソーシャルアクション、社会変革を諦めてしまわないでほしいと思います。ではどうするか。僕ができる提案としては、このシリーズの『ソーシャルワーカーのジリツ』でも書いたように、変えなくてはならないと考える社会課題に対して、同じ問題意識を持ち、ソーシャルアクションを起こせる立場にいる人に委ねることができるのであれば委ねて、ソーシャルワーカーは側面的なサポートをする、という方法もあるのではないかと考えています。つまり、ミクロソーシャルワークからマクロソーシャルワークまで、すべて一人のソーシャルワーカーが担うのではなく、他職種と連携・協力して取り組めばよいのではないかと思います。ただ、それには個人の生活課題とそれが生じる社会構造の連続性が見えていなければなりません。日頃のその意識こそがソーシャルアクションにつながる糧になると考えます。

7 ソーシャルワーカーと社会体制 ——新自由主義とどのように対峙していくのか

現在、新自由主義が強調する市場原理主義へ進む大きな世界的な流れがあり、日本もこの波に巻き込まれているように考えます。新自由主義が強調する市場原理主義が進むと、社会的な連帯性や公共サービスの提供が削減される可能性があるともされています。そして、この状況は、個人主義を強化する一因となります。

個人主義とは、個人の権利、自由に重きを置くのと同時に、自己責任を重視する考えや態度です。これは、個人が自らの目標や幸福を追求し、他の個人との協力やコミュニティの概念よりも、個人の自己決定権を強調します。このような価値が強調される方向性に社会が傾倒し、生活課題の解決は「個人が自己決定をした結果」であるため、自分で行うべきであるという自己責任論が横行しています。

一九九七年の社会福祉基礎構造改革から、日本の福祉のシステムに市場原理が導入されました。これまでの措置制度にはなかった競争原理を導入するとサービスの質が向上する、というロジックから民間企業が福祉事業に参入できるようになりました。二〇〇六年に施行された「障害者自立支援法」では、一割負担とはいえ、サービスは使ったら使った分だけの料金を支払うこととなりました。応能負担から応益負担への変更です（現在は、応能負担に戻っています）。また二〇一二年ごろから「貧困状態になるのは努力不足」「堕落した生活の結果の生活困窮なので自業自得」と、生活保護受給者へのバッシングの嵐が吹き荒れはじめました。福祉が新自由主義という社会体制下に組み込まれたとでもいいましょうか。

ソーシャルワークと新自由主義との相性はよいとは言えないと考えます。というのは、先にも示した通り、新自由主義は、市場原理主義や個人主義を強調する経済・政治の思想であり、その影響が社会的なサービスや福祉にも及びます。これは、グローバル定義をはじめ、これまでのソーシャルワークの定義ともそぐわないのではないでしょうか。

新自由主義の政策の一環として、政府の社会的な支援や福祉プログラムの削減が行われることがあります。これは、ソーシャルワークにとってはクライエントへのサービス提供の障壁となります。予算圧縮により、ソーシャルワーカーはリソースの不足やサービスの削減に直面する可能性があります。また、新自由主義の理念では、市場が社会問題に対する最適な解決策を提供するとされています。これがソーシャルワークに影響を与えると、福祉サービスの一部が市場原則に基づいたプライベートセクターに委託されます。現に今も民間企業が社会福祉関連事業に参入できるよう、規制緩和がなされました。これにより、ソーシャルワークが市場志向のアプローチに適応せざるを得なくなってきているのではないかと感じています。

さらに、先ほども記しましたが、新自由主義は個人主義を重視します。これは、個人の責任や自己決定権を強調し、社会構造や制度的な問題を軽視する方向性に向かわせます。ソーシャルワークは、クライアントのニーズを個別に理解し、支援する立場にありますが、新自由主義の強調する個人主義とは対照的なアプローチを取ることになします。そして、新自由主義の政策が実施されると、社会的な不平等が拡大する可能性が高まります。これは、ソーシャルワークが取り組むべき課題の一つであり、不平等の増大がクライアントの問題やニーズに影響を与えることが考えられます。

つらつらと述べましたが、皆さんと共有し、共に考えたいと思っていることは、ソーシャルワーカーはどのような社会体制を志向していくのかということです。グローバル定義は、新自由主義に対抗する姿勢が打ち出されています。だからこそ、われわれソーシャルワーカーは、自分たちの立ち位置を明確に意識し打ち出していくことが必要だと考えています。われわれも、専門職として、未来の社会を創造していく担い手であることの自負と自覚が求められているのではないでしょうか。

8　おわりに

「ソーシャルワーカーのミライ」の題目で僕なりの見解を綴ってきました。はじめは「ソーシャルワーカーは今後このようになっていくだろう」という未来予想をする予定でしたが、気付いたら、僕の観点から、ソーシャルワーカーの現在の課題をあげ、それについて今後どのように考えていくか、対応していくか、ということを読者の皆さんに投げかける内容となっていました。構想段階で思い描いていた内容とは離れてしまいましたが、書き終わってみれば、僕が予測する未来なんかよりも、今ある課題にどのように対応していくのかを皆で考えていく方が有意義だったと感じています。

言うまでもなく、僕があげた内容が、今ソーシャルワーカーが抱える克服すべき課題を網羅しているわけもなく、氷山の一角にすぎません。今後、より多くのソーシャルワーカーが、ソーシャルワーカーが置かれている状況を客観的に俯瞰し、理想とされるソーシャルワーカー像に近づくために何が必要なのか、ということを提起し、考え続けていくことが必要なのではないかと考えます。その営みこそがソーシャルワーカーの未来の構築と連続しているのです。

Key Word

ソーシャルワーカー・職域拡大・専門性
AI・ソーシャルアクション

［注］

1　刑期を終えた人々が社会に再び適応できるよう支援する施設です。ここでは、生活指導や職業訓練、カウンセリングなどを提供し、再犯防止を目指します。更生保護施設は、個々の状況に応じた支援を行い、社会復帰を促進する重要な役割を果たしています。『犯罪白書 2023 年版』p. 45

2　『再犯防止推進白書』より。https://www.moj.go.jp/hisho/saihanboushi/html/n311000.html（二〇二四年五月三一日最終閲覧）

3　「福祉専門官とは、福祉に関する知識と経験をいかして、矯正施設（刑務所など）に収容された高齢者、障害を有する受刑者等の出所又は出院後の円滑な社会復帰のために必要な各種調整等を担う福祉のスペシャリストです。平成二六（二〇一四）年度から設けられた専門職種で、社会福祉士又は精神保健福祉士の資格を持ち、福祉施設、社会福祉協議会、福祉事務所、医療機関、行政機関等での福祉的業務の経験がおおむね五年以上ある人を採用しています。」法務省のホームページより。https://www.moj.go.jp/kyousei1/kyousei05_00130.html#:~:text=%E7%A6%8F%E7%A5%89%E5%B0%82%E9%96%80%E5%AE%98%E3%81%A8%E3%81%AF,%E6%8B%85%E3%81%86%E7%A6%8F%E7%A5%89%E3%81%AE%E3%82%B9%E3%83%9A%E3%82%B7%E3%83%A3%E3%83%AA%E3%82%B9%E3%83%88%E3%81%A7%E3%81%99%E3%80%82（二〇二四年五月三一日最終閲覧）

4　「犯罪をした者等の円滑な社会復帰や再犯防止の観点から、各人の障害や高齢といった特性を踏まえ、保護観察所、地域生活定着支援センター、地方公共団体、弁護士等関係機関・団体等と連携し、釈放される時に必要な福祉サービス等が受けられるように橋渡しするなどの取組（「入口支援」と呼んでいます。）を、地域の実情に応じて実施しています。

　全ての地方検察庁に、「社会復帰支援室」などの名称で担当職員を置いて対応しており、検察官・検察事務官に加えて、社会福祉士を社会福祉アドバイザーとして採用したり、地域の社会福祉士会と連携したりするなどして、様々な支援を行っています。」検察庁ホームページより。https://www.kensatsu.go.jp/kakuchou/supreme/page1000001_00091.html（二〇二四年五月三一日最終閲覧）

5　法務省が作成する『第1次再犯防止推進計画（平成二九年）』、『第2次再犯防止推進計画（令和五年）』の双方に「社会福祉士の活用」について多くの記載がなされています。

6　例えば、クライエントとの対等性を強調するために、クライエントを「コンシューマー（サービスの消費者）」と呼んだり、ソーシャルワーク教育において「クライエントとソーシャルワーカーは対等だ」と口酸っぱく唱えたり。レスリー・マーゴリン『ソーシャルワークの社会的構築――やさしさの名のもとに』に、自身のパターナリズムと闘おうとしてきたソーシャルワーカーの歴史が書かれています。

7　二〇一七年一〇月に発足した総務省の「自治体戦略二〇四〇構想研究会」がまとめた報告書では、住民生活の維持や潜在的な危機に対処するために、ソーシャルワーカーが重要な役割を果たすことが強調されました。具体的には、ソーシャルワーカーが公共部門と私的部門の協力を促進し、地域社会の問題解決に向けた組織的な仲介機能を担う必要があると指摘されています。また、高齢化社会に対応するために、地方自治体と民間の力を活用する新たな仕組みの必要性も述べられています。さらに、ソーシャルワーカーが地域社会のさまざまなニーズに応えるための教育と研修の充実が求められています。

8　日本の仮放免制度は、主に「入管法」に基づき、在留資格を持たない外国人が、収容施設から一時的に解放される制度です。仮放免が認められると、外国人は収容施設外で生活しながら在留資格取得や帰国手続きを進めることができます。しかし、仮放免には一定の条件が付き、例えば定期的な入管への出頭や居住地の変更時の報告が求められます。仮放免制度には様々な課題が指摘されています。

課題

　不安定な法的地位：仮放免中の外国人は、依然として正式な在留資格を持たないため、法的地位が非常に不安定です。いつでも仮放免が取り消され、再収容される可能性があります。

就労の制限：仮放免中は原則として就労が認められません。そのため生活費の確保が困難であり、多くの仮放免者が経済的困窮に陥りやすい状況にあります。

精神的負担：不安定な法的地位や経済的困難、将来の展望が見通せない等、仮放免者は精神的なストレスを抱えることが多く、心身の健康状態にも悪影響を及ぼすことが少なくありません。

出典

石井敬子『移民法と政策：グローバル時代の国際人権規範と国内法の調整』日本評論社、二〇一九年、一三七頁

近藤大介「日本の入国管理制度における仮放免の課題」『法学研究』第92巻第3号、二〇二〇年、四五－五六頁

9 Carl Benedikt Frey, Michael A. Osborne（2013）THE FUTURE OF EMPLOYMENT: HOW SUSCEPTIBLE ARE JOBS TO COMPUTERISATION?: https://www.oxfordmartin.ox.ac.uk/downloads/academic/future-of-employment.pdf （二〇二四年五月三一日最終閲覧）

10 ＡＩのシンギュラリティ（特異点）とは、人工知能が人間の知能を超える時点を指します。シンギュラリティは、ＡＩが自己改善を繰り返し、予測不可能なほど急速に進化することで、社会や経済、また倫理に大きな影響を与えのではないかと言われています。ニック・ボストロムの『Superintelligence: Paths, Dangers, Strategies』では、AIが自己改善を繰り返すことで、知能の飛躍的な進化が起こるのではないか、と指摘されています。この過程は、「知能の爆発」とも呼ばれ、シンギュラリティの中心的な概念です。

Bostrom, N. (2014). "Superintelligence: Paths, Dangers, Strategies." Oxford University Press.

11 二〇二二年より、厚生労働省の社会保障審議会では、福祉現場へのＡＩ技術導入について本格的な議論

を開始しています。この部会では、ＡＩを活用することで社会福祉サービスの効率化と質の向上を目指しています。例えば、ＡＩを活用して支援サービスの提供を迅速かつ的確に行うための手段が検討されています。特に、多言語対応のチャットボットを導入することで、外国人住民への情報提供を円滑にし、サービスの利用を促進することが挙げられます。

また、ＡＩによるデータ分析と予測機能を利用することで、福祉ニーズを的確に把握し、リソースの最適配分を図る取り組みも進められています。これにより、必要な支援が迅速に行き渡ることが期待されています。さらに、ＡＩを活用した議論システムの導入により、利用者や関係者間の意見交換が促進され、合意形成がスムーズに進むよう支援することも検討されています。

12

国際ソーシャルワーカー連盟の一九八二年、二〇〇〇年、二〇一四年のソーシャルワークの定義は以下の通りです。

一九八二年の定義「ソーシャルワークは社会一般とその社会に生きる個々人の発達を促す社会変革をもたらすことを目的とする専門職である。」

二〇〇〇年の定義「ソーシャルワーク専門職は、人間の福利（ウェルビーイング）の増進を目指して、社会の変革を進め人間関係における問題解決を図り、人びとのエンパワメントと解放を促していく。」

二〇一四年の定義「ソーシャルワークは、社会変革と社会開発、社会的結束、および人々のエンパワメントと解放を促進する、実践に基づいた専門職であり学問である。社会正義、人権、集団的責任、および多様性尊重の諸原理は、ソーシャルワークの中核をなす。ソーシャルワークの理論、社会科学、人文学、および地域・民族固有の知を基盤として、ソーシャルワークは、生活課題に取り組みウェルビーイングを高めるよう、人々やさまざまな構造に働きかける。この定義は、各国および世界の各地域で展開してもよい。」

13　社会を変える要素については、木下大生・鴻巣麻里香編著（2019）『ソーシャルアクション！　あなたが社会を変えよう！』ミネルヴァ書房、ソーシャルアクションの方法と展開については木下大生（2024）「第10章　ミクロ・メゾ・マクロレベルのソーシャルワークの展開」木村淳也・小口将典編著『ソーシャルワークの基盤と専門職Ⅱ』ミネルヴァ書房、をご参照ください。

おわりにかえて

私たちの「ソーシャルワーカーの○○」シリーズは、これでいったんの区切りとなります。ソーシャルワーク実践の現場にこだわり続け、大学教員になっても、ソーシャルワーク実践以外の社会的な役割が増え続けても、少しでも実践現場に関わり続けている私たちの、「いま」の想いをどのように受け取ってくださったでしょうか。

ソーシャルワークの実践とは、ミクロレベルであろうとマクロレベルであろうと、人と人が向き合って構成される営みです。古来より福祉的な取り組みというものはありました。慈善あるいは国家による社会事業としての取り組みがソーシャルワークの歴史の源流として位置づけられています。とはいえ、「ソーシャルワーク」が専門職として形を成してくるには、産業革命以降の都市化とそれに伴う「社会問題」の顕在化が大きな背景要因となりました。その後も、「社会」の構造が大きく変動することはソーシャルワークの在り様にも大きな影響を与えました。衣食住を整えたり、教育や余暇の取り組みが無償の家事労働でまかなわれていた時代から、「生活の質を向上するサービス」として位置づけられ、サービスを提供することで収入を得たり、サービスを購入することで生活の質を高めたり、自由な時間を得られたりすることができるようになりました。そして、社会的な理由でこれらのサービスを必要としつつも経済的な理由で自由に選べない人のために、社会福祉サービスも発展してきました。「障害福祉サービス」のように「サービス」という名称がつくものもありますが、「介護保険制度」「子育て支援制度」のようにサービスという名称がはっきりつかない事業もたくさんあります。いずれにせよ、ソーシャルワークは、かつては無償の家事労働に任せてきていた分野に積極的に介入するようになりました。これまで「私的領域」とされてきていた部分に、何を根拠としてどこまで、どのような方法で介入するのか。介護や介助、虐待、施設から地域生活への移行支援など対象とする生活課題ごとに様々な議論が積み重ねられていきました。

二〇世紀の終わりごろから情報・通信産業が著しく進展し、社会のインフラとなっていきました。知識や技能、コミュニケーションの形態も大きく変え、ソーシャルワークの実践の形にも大きな影響を与え続けています。ソーシャルワーカーの機能の一つにかつては「情報提供」を行うエデュケーター役割が挙げられていましたが、今日では情報を得るだけならインターネットを活用したほうが早くなっています。ソーシャルワーカーはむしろ、それらの情報をどう提供したら人々に届きやすくなるのか考えてコンテンツを提供したり、大量な検索結果から必要な情報を取捨選択するのが難しくなっている人に対して有用な情報を整理して収集しやすくする水先案内をするなど、新たな役割を担うようになりました。

こうして社会が変わるとソーシャルワーク実践も大きな影響を受け、変わる部分もたくさんあります。でも、変わらない部分もたくさんあります。人と人が向き合って、より望ましい状態を模索していく、その取り組みは変わりません。動物として、生命体としての人間は、社会がどれほど変わろうとも大きな進化は遂げていません。人と人で交流する際にはどうしても一定の時間を要すること、できれば共に時間を過ごすことが有用であること、そして人には感情があり、傷ついたり傷つけられたり、あるいは安心したり励まされたりすること、その感情によって自身の行為が大きく影響を受けること等は、古来から変わらぬ部分です。そのため、ソーシャルワークを論じようとすると、社会の変化を受けて大きく変わる部分にどう対応していくか、という部分と、変わらぬ「人」という存在にどう向き合い続けるべきか、という部分が常に残ります。そして、前者の議論には目新しさを見出しやすいのに対して、後者の議論は繰り返し言及されていることのように思え、自明視してしまうことが多いです。教科書のような説明を繰り返し行うような感覚にとらわれ、考え続けることを停止してしまうかもしれません。しかし特にソーシャルワークに求められる役割が変容していく中でこそ、変わらぬ部分にどう向き合うか、という問いは絶えず更新し続けなければならないと思います。

学術論文では「新奇性、独自性」を求められることも多いため、「ソーシャルワーカーとして人とどう向き合うか」といった論点について記述するのは存外難しいことです。しかし本書を執筆する際には、学術的な論文とは異なる自由さをもって書く、ということが共有されました。そのため、私たちの経験や感情も率直に吐露しつつも、先人たちの知恵を改めて振り返ったり、データを参照したりしながら、多様な記述を重ね合わせることができました。こうした貴重な執筆機会を提供して下さった生活書院の髙橋淳さんには、心より御礼申し上げます。髙橋さんの温かな後押しがなければ、本書が日の目を見ることはありませんでした。大学教員となってからも「ソーシャルワーカー」というアイデンティティ領域を手放さずにしがみついている私たちの「いま」の想いは、読者の皆様にどう届いたでしょうか。いろいろご感想をお聞きする機会があると嬉しいです。

さて、これからも社会は様々に変わり続けていくでしょう。情報機器のさらなる発展、気候変動や戦争、災害、諸外国の情勢の変化、人口減少、様々な社会情勢の中で、人々の暮らしの営みはどう変わっていくのでしょうか。その中で、ソーシャルワーカーは、右往左往しながらも、どうその役割を果たしていくのでしょうか。そこに変わらぬ姿を思い浮かべるのか、新たな形を思い浮かべるのか、私の想像もとどまることなく広がっていきます。もし本書をお読みいただいた現場のソーシャルワーカーの皆さんが、例えば五年後、一〇年後に新たな視点で「ソーシャルワーカーの〇〇」シリーズのようなものを発展させていかれたら、どんなキーワードでまとめられるのか、その内容や論点はどのようなものになっていくのでしょうか。今後への期待を残して、結びの言葉と致します。

長沼葉月

二〇二四年　紫陽花の季節に

木村 淳也（きむら・じゅんや）　社会福祉士

1971年生まれ。会津大学短期大学部幼児教育・福祉学科准教授。修士（コミュニティ福祉学）。立教大学大学院コミュニティ福祉学研究科博士後期課程中途退学。

主な著書・論文に、

『ソーシャルワーカーのジリツ』（共著、生活書院、2015年）、『ソーシャルワーカーのソダチ』（共著、生活書院、2017年）、『福島の子どもたち』（共著、かもがわ出版、2021年）、『学校福祉実践論』（共著、ミネルヴァ書房、2024年）など。

本多　勇（ほんだ・いさむ）　社会福祉士

1972年生まれ。武蔵野大学通信教育部教授。修士（社会福祉学）。保育士、公認心理師。医療法人社団充会介護老人保健施設太郎 非常勤支援相談員。東洋大学大学院社会学研究科社会福祉学専攻博士後期課程単位取得退学。

主な著書・論文に、

『ソーシャルワーカーのジリツ』（共著、生活書院、2015年）、『ソーシャルワーカーのソダチ』（共著、生活書院、2017年）、『ソーシャルワーク論：理論と方法の基礎』（共著、ミネルヴァ書房、2021年）、『現代社会福祉分析の再構築』（共著、中央法規出版、2022年）など。

木下 大生（きのした・だいせい）　社会福祉士

1972年生まれ。武蔵野大学人間科学部教授。博士（リハビリテーション科学）、一般社団法人東京TSネット理事。筑波大学大学院人間総合科学研究科博士後期課程修了。

主な著書・論文に、

『認知症の知的障害者への支援：「虐待」から「生活の質の維持向上」へ』（ミネルヴァ書房、2020年）、『知りたい！ソーシャルワーカーの仕事』（共著、岩波書店、2015年）、『ソーシャルワーカーのジリツ』（共著、生活書院、2015年）、『ソーシャルアクション！あなたが社会を変えよう』（共編著、ミネルヴァ書房、2019年）など。

執筆者紹介

荒井 浩道（あらい・ひろみち） 社会福祉士

1973年生まれ。駒澤大学文学部教授。博士（人間科学）、専門社会調査士。早稲田大学大学院人間科学研究科博士後期課程修了。

主な著書・論文に、

『ナラティヴ・ソーシャルワーク』（新泉社、2014年）、『ピア・サポートの社会学』（共著、晃洋書房、2013年）、『ソーシャルワーカーのジリツ』（共著、生活書院、2015年）、『ソーシャルワーカーのソダチ』（共著、生活書院、2017年）など。

長沼 葉月（ながぬま・はづき） 精神保健福祉士

1976年生まれ。東京都立大学人文社会学部准教授。博士（保健学）。東京大学大学院医学系研究科健康科学・看護学専攻（精神保健学分野）博士課程修了。

主な著書・論文に、

『高齢者虐待防止のための家族支援』（共著、誠信書房、2012年）、『ソーシャルワーカーのジリツ』（共著、生活書院、2015年）、『ソーシャルワーカーのソダチ』（共著、生活書院、2017年）、『チーム力を高める多機関協働ケースカンファレンス』（共著、瀬谷出版、2019年）、など。

後藤 広史（ごとう・ひろし） 社会福祉士

1980年生まれ。立教大学コミュニティ福祉学部教授。博士（社会福祉学）、専門社会調査士。認定NPO法人山友会理事、社会福祉法人・特別区社会福祉事業団理事。東洋大学大学院社会学研究科社会福祉学専攻博士後期課程単位取得退学。

主な著書・論文に、

『ホームレス状態からの「脱却」に向けた支援』（明石書店、2013年）、『ソーシャルワーカーのジリツ』（共著、生活書院、2015年）、『ソーシャルワーカーのソダチ』（共著、生活書院、2017年）など。

◉本書のテキストデータを提供いたします
　本書をご購入いただいた方のうち、視覚障害、肢体不自由などの理由で書字へのアクセスが困難な方に本書のテキストデータを提供いたします。希望される方は、以下の方法にしたがってお申し込みください。

◎データの提供形式：CD-R、フロッピーディスク、メールによるファイル添付（メールアドレスをお知らせください）
◎データの提供形式・お名前・ご住所を明記した用紙、返信用封筒、下の引換券（コピー不可）および200円切手（メールによるファイル添付をご希望の場合不要）を同封のうえ弊社までお送りください。

◉本書内容の複製は点訳・音訳データなど視覚障害の方のための利用に限り認めます。内容の改変や流用、転載、その他営利を目的とした利用はお断りします。

◎あて先：
〒160-0008
東京都新宿区三栄町17-2 木原ビル303
生活書院編集部　テキストデータ係

【引換券】
ソーシャルワーカーの
ミライ

ソーシャルワーカーのミライ
——混沌の中にそれでも希望の種を蒔く

発　行——二〇二四年八月三一日　初版第一刷発行

著　者——荒井浩道、長沼葉月、後藤広史
木村淳也、本多　勇、木下大生

発行者——髙橋　淳
発行所——株式会社　生活書院
〒一六〇—〇〇〇八
東京都新宿区四谷三栄町六—五　木原ビル三〇三
TEL　〇三—三二二六—一二〇三
FAX　〇三—三二二六—一二〇四
振替　〇〇一七〇—〇—六四九七六六
http://www.seikatsushoin.com

印刷・製本——株式会社シナノ
カバーデザイン——SDK Inc. 高山　仁

Printed in Japan

ISBN 978-4-86500-174-7
定価はカバーに表示してあります。
乱丁・落丁本はお取り替えいたします。